U0154429

多元文化教育
新移民的原生文化與在地適應

林彩岫　主編

林彩岫　葉憲峻　許世融　薛雅惠

張雪君　鍾才元　林惠蘭　李麗日

賴苑玲　錢富美　林政逸　合著

五南圖書出版公司 印行

推薦序一

　　教育部自 2003 年以來，於全國教育會議中將「加強新移民及其子女教育，調整文化及學習落差」議題列入其中，也將新移民子女的教育需求正式納入教育優先區計畫。2005 年起訂定「教育部補助辦理攜手計畫課後扶助補助要點」，2008 年修訂公布「教育部補助執行外籍及大陸配偶子女教育輔導計畫作業原則」並且訂有「新移民子女教育改進方案」。

　　本人受教育部委託擔任召集人規劃的《師資培育白皮書》，在「問題分析與挑戰」項下的「師資職前培育的問題與挑戰」中，提及「我國新移民子女人數逐年增加，新移民子女教育需求相當迫切，強化小學教師的新移民子女教育專業知能乃是當務之急」。除此之外，草案中在論及「師資職前培育之發展策略與行動」時，於方案二也針對新移民的教育專業知能之提升，提出「發展培養師資生具備議題融入教學之能力，以符應社會快速變遷趨勢」的建議。

　　除上述政策面的努力之外，本人在 2006 年回到母校國立臺中教育大學就任校長以後，就一直思考著教育大學能否在新移民教育的研究有所作為，也一直期望本校能成為新移民教育研究的重點大學，因此積極籌組本校新移民教育研究團隊。於是在 2008 年 3 月，透過「國立臺中教育大學研究計畫補助要點」，由當時的研究發展處補助研究計畫，鼓勵校內對新移民議題有專長或有興趣的教師同仁們申請。次年起更組成研究團隊進行「中部地區新住民子女教育資料庫建置」二年期的整合型計畫，其中的子計畫除了包括國語科、數學科、英語科題庫之研發與測驗新移民子女之學業成就，還有關於新移民子女生活適應與文化認同等，其研究結果多已發表於各相關研討會或投稿於有審查制度的期刊。

　　基於以上的基礎成果，本校更進一步在 2010 年組成教師團隊，在前教務長楊銀興教授的召集下，集合來自教育學系、區域與社會發展學系、永續

觀光暨遊憩管理碩士學位學程以及通識教育中心的教師同仁，組成「新移民教育文化學程」教學團隊，申請教育部顧問室於 2007 年至 2011 年間「新興議題與專業教育改革中程綱要計畫」中的「新移民與多元文化教學發展計畫」子計畫，連續獲得兩年的經費補助，進行大學階段新移民教育相關議題的開課與教材的研發，第一年以教學為主，第二年除了教學之外還同時進行「新移民相關課程教科書寫作」，而使得本校教學團隊有共同撰寫與出版本書的機會。

　　本書的出版代表著校內關心新移民教育的同仁之努力結晶，感謝「推動新移民之原生社會文化公民與人權及健康醫療教學發展計畫」主持人國立中山大學王宏仁教授的指導，使計畫得以順利完成。另外，也感謝本校參與教學同仁的辛勞，除了本身的必要授課之外，還分組協同合作開課，進行教學的實驗與教材的撰寫。此一計畫雖然已告一段落，但深感新移民教育議題在現今臺灣社會的重要性，故本校對新移民教育的教學與研究工作仍會延續，以繼續為新移民教育貢獻心力。

國立臺中教育大學校長

楊思偉

2012 年 8 月 30 日

推薦序二

　　歷史上，東南亞與臺灣關係，包含了南島文化、原住民的人種關係，華人移民海外，以及經貿往來。其中當代與東南亞最為密切的關係之一，應該就是經濟貿易往來。

　　在密切的經貿交流中，隨之而來的是人員交流頻繁。人員流動會帶來文化交流，以及認同議題。移民者本身的文化認同，並非是天生一成不變，或者可以如川劇變臉般隨時變動，應該將之視為一個「變、成」（becoming and being）的過程。移民者的原鄉認同展現，最常見於語言、食物與宗教，但是在與臺灣人接觸後，也可能會改變。

　　移民者來到陌生的地方，雖然相當難以克服語言障礙的問題，但是我們看到許多新移民，都可以在短時間內學得基本的溝通能力，跟臺灣社會產生關聯。而對他們最困難的事情，應該是要瞭解臺灣這個社會體系如何運作，例如臺灣的家庭體系、鄰里關係、勞動市場、醫療體系、社會福利救助系統等，這也是我們所稱的「適應問題」，臺灣既有的社會結構不太可能配合為他們的需求而做改變。

　　新移民面對的家庭問題，除了夫妻間、婆媳間外，很重要的議題是親子教育。目前許多偏見都認為新移民女性教育程度較低、社會經濟地位較差，因此會造成「人口素質」的問題。但是親職教育，並非單方面女性的工作，在現今要求性別平等的社會，男性也應該擔負此責任，而非以族群偏見將問題推給移民女性。親職教育是全家的事情，而非單一個人去負擔的，親子共同閱讀更不應該強調是母親單方面的責任。

　　小孩子的社會化過程，家庭教育以外的最重要機構就是學校。作為知識傳播者的老師，在面對新移民家庭與子女時，多元文化素養是最基本的需求，透過差異的凸顯，讓學生學習如何面對、處理與尊重差異。當然，這樣的認識只是消弭歧視第一步，如何更加理解社會結構的性別、種族、階級、性傾

向歧視，是透過何種權力關係運作，則也是必須去面對的。

　　以上的這些觀點，都是我學習自本書所出版的各章節。本書的出版，是教育部 2009-2010 學年度補助臺中教育大學教師們所組成之教學團隊，參與「推動新移民之原生社會文化公民與人權及健康醫療教學發展計畫」的成果，在楊思偉校長與林彩岫學務長的親自領導下，參與計畫的老師不僅實際授課，也在授課過程中，透過資料蒐集、與學生共同創作，而完成了這一本書。這對於目前的新移民研究而言，是非常及時且具實用性的一本書籍，市面上已經有的書籍多半是社會工作、福利或者社會學的作品，甚少有教育學界出版的相關書籍，此書的出版，彌補了相關研究的缺憾，也會成為未來基礎教育的必備手冊。

國立中山大學社會學系教授兼系主任

王宏仁

於西子灣

2012.12.12

目 錄

第**1**章

概　說

林彩岫

臺灣關於新移民[1]的話題，大約在 2000 年前後就頻頻見諸於報章媒體，早期多以焦慮的心態提醒閱聽大眾這個現象的存在，而後才漸漸有「多元尊重、族群共榮」的提倡。關於這一波新移民的業務，中央的主政單位以內政部為主，至於涉及識字教育、親職教育以及學童的學習與適應等，則是教育部的權責。本書係接受教育部顧問室「推動新移民之原生社會文化公民與人權及健康醫療教學發展計畫」之補助而寫成，以下分別從新移民教育相關學位論文之回顧、尋找新移民相關的教育政策與在中小學課程綱要的位置、瞭解新移民教育在高等教育階段的開課情形等面向，來說明本書的寫作背景與內容架構。

一 新移民教育相關之學位論文

除了前文所提的報章媒體外，臺灣關於新移民的著作，也是汗牛充棟，以新移民教育為主題的專書論文、研究報告、學位論文也有大量的產出，本部分僅針對 2000 年前期的學位論文作一分析，以瞭解當時對新移民議題關注的焦點。

就新移民教育學位論文的研究取向而言，在 1999 至 2004 年間，以對於新移民女性較常被稱呼的「外籍新娘」、「外籍配偶」，以及新移民女性討論出來的「新住民」為關鍵字，進入國家圖書館全國博碩士論文資訊網，從論文題目與摘要中尋找與新移民教育有關之內容。發現在 88 學年度到 93 學年度（相當於 1999 年至 2004 年間），已上傳相關之學位論文，全部皆為碩士論文，尚未見有博士論文的產出。再進一步以「主題」進行分類後，發現述及「新移民為何或如何來臺灣？新移民為何或如何在臺灣求生存？」約 33 篇；探討「新移民的成人教育需求（識字教育、生活適應課程、職業技能課程）」者有 15 篇；瞭解「新移民之能力對其子女表現之影響（包括新移民家庭的親職教育、母職研究、親師溝通）」有 10 篇；討論「新移民子女是弱勢

---

[1] 本章中之「新移民」與「新住民」兩詞所指對象相同，兩詞同時出現於一文中，乃因依所參考文件或文件而行文之故。

嗎？」者有 30 篇，其中結果爲「是」者，接續提出學校要進行「補救教學」、提出要有「輔導措施」者有 2 篇。

　　由上可知，該時期有極大比例的論文，在探討新移民的處境與需求，有少部分的論文意欲探討新移民子女在學校的各式表現。在歸納少部分探討新移民子女在學校的各式表現論文後，發現該類論文多以新移民家長爲主軸，其子女則居於客體的地位。也就是說，當時的研究少數是以新移民家長的能力爲「因」，新移民子女的表現爲「果」的思維來進行研究。另外的發現是，當時還未明顯看見從多元文化教育觀點來論述新移民及其子女教育的論文[2]。

　　本文只追蹤到 2004 年，之後新移民子女相關議題之研究更有蓬勃的發展，依照吳俊憲和吳錦惠（2009）的研究發現，在 2007 年時碩博士論文的數量達到最高峰。吳俊憲和吳錦惠（2009）的研究發現，在 2007 年碩博士論文的數量達到最高峰。另外，在 2004 年以後的碩博士論文，也發現漸漸的有從多元文化教育觀點[3]（如洪于婷，2007；劉茹敏，2006）來論述新移民及其子女議題的研究，博士論文也漸多了起來。

二 　新移民、教育政策與課程綱要

　　關於教育政策與課程綱要方面，教育部在其施政計畫中提及「新移民」處，較早見諸於 2003 年提及的「加強新移民及其子女教育，調整文化及學習落差」並納入「教育優先區計畫」。2004 年的「教育部施政計畫與課程綱要」，內容包含有「現代國民、臺灣主體、全球視野、社會關懷」四大綱領，作爲其後之四年施政主軸，其中將「發揚多元文化」列爲「臺灣主體」具體策略之一，而具體行動方案則是發揚臺灣各族群文化特色以及發展「新移民文化」。2005 年訂定的「教育部補助辦理攜手計畫課後扶助要點」，鼓勵學

---

[2]　所統計之論文，因為有些主題橫跨不同類別而重複計算，故事實上之總數與此數量不盡相同。

[3]　林彩岫（2007）發現多元文化教育的文獻並不一定適用於新移民子女教育，但是多元文化教育強調多元共榮、理解、接納以及尊重等概念與態度，對於新移民教育有積極的意義與啓示。

校辦理課後輔導，訂有「新移民子女教育改進方案」，以符應新移民教育發展的需求。

後來，教育部在 2008 年的教育施政藍圖架構中，揭示了「優質學習、適性育才、公義關懷、全球視野、永續發展」等五大施政主軸，將「發展新移民文化」列入永續發展之施政重點（鄭瑞城，2008）。另外，教育部於 2009 年 11 月，將「發展社會公義、強化扶助弱勢」列入 13 項優先推展項目之一，針對「新住民子女」等提出相關的教育措施（吳清基，2009）。

2012 年教育部更與內政部合作，在新住民重點學校（小學新住民子女人數超過 100 人或超過十分之一比例者）推動「新住民火炬計畫」，期望能藉由內政部、教育部、各級學校及民間團體等之跨部會與跨領域合作，提供全國新住民子女完整之文教生活輔導與單一窗口的全方位服務。

由上可知，教育部關於新移民議題政策的推動，是有提出「多元文化教育」的訴求，在「永續發展」項下發展「新移民的文化」，爲了「發展社會公義、強化扶助弱勢」，而提出關於「新移民子女教育」的相關措施，在中小學（特別是小學）推動如親職活動、國際週以及課後輔導等活動，目前更進一步進行跨部會的合作，推行全方位的服務（內政部入出國及移民署全球資訊網，2012）。

我國各教育階段課程綱要方面，提及「多元文化教育」或「新移民文化」處，只有高級中學的課程綱要將「多元文化教育」列入課程議題。教育部 2004 年發布之《普通高級中學暫行課程綱要》明訂：「生命教育、性別平等教育、法治教育、人權教育、環保教育、永續發展、多元文化及消費者保護教育等重要議題宜納入相關的課程中，以期讓學生在不同的科目脈絡中思考這些議題，以收相互啓發整合之效。」（教育部，2004）後來，教育部於 2008 年 1 月 24 日所公布之高中課程綱要總綱，也還保留《普通高級中學暫行課程綱要》所列出之八項議題，所以「多元文化教育」仍然爲目前高中課程綱要之重大議題之一。

新移民與多元文化教育在國中小雖然未列入課程議題，但是並不表示在中小學未推動此業務，教育部在 2011 年 4 月公布的《中小學國際教育白皮書》，提及我國新移民與其子女、外籍生與外籍人力持續增加等人口結構的

變化，因此中小學課程有加速朝向國際化與多元文化方向發展的必要性。

　　綜上可知，與新移民及其子女有關的多元文化教育，在中學的課程綱要中已列入議題，國民中小學階段九年一貫課程綱要雖未列入，但也在相關的教育報告書中，如《中小學國際教育白皮書》有所提及。

㊂ 高等教育階段新移民議題開課情形

　　高等教育階段新移民議題的教學方面，教育部也有所作爲。顧問室於2007 年至 2011 年執行「新興議題與專業教育改革中程綱要計畫」，其中「推動新移民之原生社會文化公民與人權及健康醫療教學發展計畫」爲計畫下之一子計畫，該子計畫「企圖在各大學教育中引進新移民相關的課程，以因應此新興的社會議題，學生在接受專業教育的同時，對於運用技能到社會實務時，具有基本知識與保持對新議題的敏感度。」（新移民計畫辦公室，2011）

　　受「推動新移民之原生社會文化公民與人權及健康醫療教學發展計畫」補助之單位，包括有各大專院校之系所、師資培育中心以及通識教育中心等單位都透過開設課程，讓大專院校學生能對於新移民與多元文化方面的議題有基本的認識。除此之外，也有學校間合作之案例，例如私立輔仁大學於 96年度至 97 年度與臺北區域鄰近之大專院校成立「跨文化家庭與醫療照護學習社群」，以增進學生與新移民之間的互動。

　　根據上述，接受「推動新移民之原生社會文化公民與人權及健康醫療教學發展計畫」補助之大專院校開設之課程，有些以學習社群方式進行，有些開設在通識課程、教育學程，也有些開設在系所，開設之方式雖不同，但課程內容都與新移民與多元文化有關，且有極大比例的作法是以融入的方式進行之。

　　除此之外，在未參與補助計畫之大專院校的專業課程或相關課程，也有許多有將新移民及其子女教育的議題融入課程中者。例如，臺灣師範大學 97年度由教育學系開設，對象爲教育學分班的「多元文化教育」，課程內容也略有提及「移民社會中的教育問題：外籍配偶及其子女的教育」；臺南大學教育學系於 100 學年度第一學期開設的「多元文化教育」選修課程，課程內

容除了包涵多元文化基本理論以及其他豐富內容外，也提及到「新移民」方面之議題。

另一方面，進一步蒐集與分析教育學程與新移民主題有關的授課大綱後，發現以「新移民」為科目名稱者有之，但屬少數，看到的多是在名稱上雖未提及「新移民」等字眼，但是其中有新移民的單元或元素者。其中，尤以「多元文化教育」一科將新移民融入課程中者比例為最高。例如，嘉義大學所開設之「多元文化教育之課程設計與實施」，課程內涵即有介紹東南亞國家、國內東南亞新移民及其子女教育學校狀況以及設計東南亞新移民文化教案……等豐富的內容。

由上可知，大學教師在課堂上提及新移民相關議題者，應該不在少數，但有時難以從課程名稱來確認教師有提及此一主題，就各師培大學之教育學程或教育相關科系的專業科目而言，確有多位老師在「多元文化教育」中「納入」或「融入」新移民的內涵。

四　國立臺中教育大學的「新移民教育文化學程」教學與寫作計畫

國立臺中教育大學在 98 與 99 學年度參與「推動新移民之原生社會文化公民與人權及健康醫療教學發展計畫」，在楊思偉校長的支持、前教務長楊銀興教授的召集以及林政逸教授的統整之下，集合教育學系、區域與社會學發展學系、永續觀光與休憩碩士學位學程以及通識教育中心的師資，合作成立「新移民教育文化學程」。學程內共開設有「東南亞與臺灣」、「體驗新移民東南亞故鄉」、「臺灣新移民與文化認同」以及「新移民家庭適應與學生」四個科目。98 學年度歸屬為各系之自由選修課程之學分，99 學年度由區域與社會發展學系申請，成為該系之專長增能學程。

以上四個科目之「東南亞與臺灣」，為葉憲峻、許世融以及薛雅惠三位教授所合開，乃是從時間與空間的觀點來瞭解東南亞與臺灣的關係，以期對新移民的原生社會歷史文化與臺灣的歷史文化脈絡產生關聯。其次，「體驗新移民東南亞故鄉」由張淑芳與林政逸兩位教授所合作，其目的主要在於透

過觀察學習中的閱讀、觀賞影片等與省思，來瞭解目前新移民來自的東南亞故鄉概況，並進一步探討輔導新移民子女的策略。由於人口的移動，勢必造成移民認同的變化，因此張雪君、林彩岫教授開出了「臺灣新移民與文化的認同」一科，細緻的探討新移民及其子女文化認同的議題。最後，由於原生文化的差異使得婚姻家庭關係需要作進一步的學習與調適，因此從社區服務與社會工作的觀點，由李麗日、賴苑玲、錢富美三位教授開出「新移民家庭適應與學習」，使得學生在獲得東南亞歷史與臺灣關係脈絡的知識、在教學現場觀察孩子學習以及從教學中增加新移民相關議題的教學方法後，更可從社會工作的觀點，得知家庭輔導適應等面向。參與此學程的師生，除了進行教室的學習活動外，還透過計畫經費的補助，邀請校外專家擔任法律、公共衛生講座，邀請新移民家庭分享生活的點滴、參訪新移民相關單位、尋訪東南亞餐廳、品嘗東南亞美食、研究報告與海報之製作與展覽等等，從參觀、體驗以及實作中，達到優質的學習成效。

　　在教學相長以及理論與實地田野實查活動的相互激盪之下，授課教師分別針對個人的專長與興趣而發展與撰寫教學材料，除了本章概說外，第二、三、四章分別由「東南亞與臺灣」開課教師葉憲峻、許世融以及薛雅惠三位教授撰寫，其中第二章由葉憲峻教授從歷史的觀點來思考臺灣與東南亞文化的關係，第三章則是許世融教授對現代臺灣與東南亞的貿易發展作一歷史的審視，第四章薛雅惠教授則從地理學的角度來看東南亞新移民的原鄉文化。第五、六、七章由以張雪君教授為主、林彩岫為輔所開出的「臺灣新移民與文化的認同」所衍生出相關議題之文章，其中第五章張雪君教授從文化認同的相關概念探討新移民女性的處境，第六章則是呈現由林彩岫、臺北市立教育大學鍾才元教授與國民小學教師林惠蘭合作整理的探討新移民子女的族裔認同的多樣性的相關文獻，第七章為林彩岫對目前新移民文化展演活動的意義以及其該為與應為的觀察與省思。第八、九、十章是由李麗日、賴苑玲、錢富美三位教授開出的「新移民家庭適應與學習」之相關文章，其中第八章李麗日教授探討東南亞新移民家庭的生活適應以及福利提供之情形，第九章是由賴苑玲教授分析新移民家庭親子共讀活動的相關內涵，第十章為錢富美教授探討新移民家庭的親職教育需求並提出因應的策略。最後一章，為林政逸教

授所寫，針對新移民子女班級經營理念與策略作一探討並提出具體作法。

五 後記

　　本書的完成，首先感謝在參與「推動新移民之原生社會文化公民與人權及健康醫療教學發展計畫」期間，計畫辦公室主持人王宏仁教授以及助理林周熙先生與沈恒仔小姐先後的指導與行政上的協助。王教授給予本校教學團隊充分的自主，讓本校參與之教師同仁能夠自在的依據個人專長來安排授課內容與進行教學與寫作。

　　其次，要感謝的是國立臺中教育大學楊思偉校長的支持，以及前教務長楊銀興教授辛苦的召集籌劃並擔任計畫第一個半年的主持人。回顧兩年執行計畫期間，我們與計畫辦公室溝通順暢，校內團隊成員一團和氣，每個月都進行管考會議、討論教學與專書撰寫事宜；在每學期的田野實查活動時，師生分工合作讓旅程充實安全順利、收穫滿滿；連續兩年六月在高雄市捷運美麗島站的成果發表會與教材展示，我們亦是用心準備並且積極參與。以上的種種，都是計畫經費所聘任的助理吳湘婉小姐辛勞的結果，她在課程安排、人員協調聯繫以及田野實查的規劃等方面，皆能提供最好的服務。

　　本書的出版即是本校「新移民教育文化學程」教學團隊之教師同仁，在執行計畫的同時，以個人專長為出發點所整理寫作出來的心血結晶，每篇文章皆經過兩位匿名審查者的評述，全書也於2011年10月28日透過專家諮詢會議來聽取架構方面的修正建議，希望經由嚴謹的程序，使得本書更具有引用與參考的價值。

　　最後，感謝五南圖書公司副總編輯陳念祖先生慷慨的允諾出版本書，責任編輯李敏華小姐的耐心與細心的聯絡校對與出版等事宜。本書之出版，將為臺灣的新移民教育領域，再增添一份文獻，盼望本書的出版對各級學校新移民教育之教學實務以及今年將推動的「新住民火炬計畫」之各式活動，有所啟發與助益。

參考文獻

內政部入出國及移民署全球資訊網（2012）。全國新住民火炬計畫。2012 年 12 月 13 日，取
　　自 http://www.immigration.gov.tw/lp.asp?ctNode=32968&CtUnit=17724&BaseDSD=7&mp=
　　1。

吳俊憲、吳錦惠（2009）。新移民子女課程與教學。臺北市：五南。

吳清基（2009）。教育施政理念與政策。2009 年 12 月 25 日，取自 http://www.edu.tw/files/
　　site_content/EDU01/ 教育施政理念與政策 _(網頁版).pdf。

林彩岫（2007）。新移民子女教育──多元文化教育的討論。載於國立臺中教育大學國民教
　　育學系暨課程與教學研究所主編，新移民子女教育（頁 7-30）。臺北縣：冠學。

洪于婷（2007）。從多元文化教育觀點研究教師教導新移民子女之經驗（未出版碩士論文）。
　　國立中正大學，嘉義縣。

教育部（2004）。普通高級中學課程暫行綱要總綱。臺北市：教育部。

教育部（2008）。普通高級中學課程綱要總綱。臺北市：教育部。

教育部（2012）。中小學國際教育白皮書。2012 年 2 月 4 日，取自 http://www.edu.tw/files/
　　site_content/B0039/100.04 中小學國際教育白皮書.pdf。

新移民與多元文化計畫辦公室（2011）。新移民與多元文化教學發展計畫 2007 至 2011 歷年
　　活動資料（光碟）。高雄市：國立中山大學社會學系。

新移民計畫辦公室（2011）。計畫說明。2012 年 2 月 4 日，取自 http://hss.edu.tw/plan_detail.
　　php?class-plan=166。

劉茹敏（2006）。國小教師對外籍配偶子女的刻板印象及接納態度之研究──從多元文化教
　　育觀點（未出版碩士論文）。國立臺南大學，臺南市。

鄭瑞城（2008）。教育部 98-101 年施政計畫。臺北市：教育部。

第章

臺灣與東南亞的
歷史文化關係

葉憲峻

前言

　　截至 2012 年 10 月為止，臺灣的外籍配偶中，原籍為越南、印尼、泰國、菲律賓、柬埔寨等東南亞五國者，已有 134,963 人。[1] 這是在臺灣的歷史文化發展中，從十七世紀以來相繼匯入荷蘭、西班牙文化、中國文化、日本文化等之後，另一個新世紀的文化現象。

　　不過，其實早在臺灣的史前時代，臺灣的原住民族即與東南亞原住民族關係匪淺。誠如現今的人類學、考古學研究顯示，臺灣的原住民族與東南亞原住民族，同屬南島民族。而這些南島民族的起源地，或在臺灣，或在東南亞之南洋群島。[2] 由此可見臺灣史前時代與東南亞之文化淵源。

　　十七世紀時，荷蘭人與西班牙人繼殖民印尼與菲律賓之後，也北上臺灣，分別殖民 38 年與 16 年，促成臺灣與東南亞之間的貿易往來。不過，就文化關係來看，十九世紀以後有大量的中國華僑移民至東南亞，因而形成今日龐大的華僑社會。因此早在 1926 年 10 月，當時的國民政府即設立「僑務委員會」，推展海外華文教育、加強海外文宣等工作。1949 年以後，中國一分為二，長期以來海峽兩岸政府均致力於建立與華僑之關係。就臺灣的中華民國而言，自 1985 年 3 月，於美國舊金山成立第一個海外「華僑文教服務中心」以後，即逐步增設海外服務據點，迄 2012 年 9 月為止，分別在世界各國設立 17 處「華僑文教服務中心」，其中東南亞地區，即有菲律賓、越南、泰國、馬來西亞、印尼等 5 處。[3] 這些華僑關心與回饋臺灣的社會發展，後代子弟則選擇來臺留學。

　　1987 年臺灣政府解除外資管制以後，許多臺資工廠逐漸遷移至勞

1　內政部移民署網站，http://www.immigration.gov.tw/ct.asp?xItem=1163614&ctNode=29699&mp=1。

2　李壬癸，《臺灣原住民文化基本教材》（上冊）（臺北：國立編譯館，1998 年），頁 14。

3　行政院僑務委員會網站／本會簡介 http://www.ocac.gov.tw/public/public.asp?selno=12&level=C&no=12。2012.12.8。

力成本較低的東南亞各國。至此臺灣不但與東南亞展開經貿關係，也促成臺灣與東南亞雙方人民的接觸，發展出跨國聯姻新移民文化關係。因此，本章擬從臺灣的史前原住民族、東南亞華僑與現今東南亞新移民等三個面向，來描述歷史中臺灣與東南亞的文化關係。

學習目標

一、瞭解臺灣與東南亞的原住民，同屬於南島民族，彼此之間存有類似之生活習俗及語言特徵。

二、瞭解華僑在東南亞地區之分布，尤其是金門華僑與金門家鄉之互動關係。

三、瞭解臺灣現今之東南亞新移民產生背景與現況。

一 臺灣與東南亞的原住民族

臺灣的「原住民族」約從六千年前，由亞洲大陸東南方的華南、中南半島的越南與柬埔寨等地區遷移至臺灣。而後在大約五千年前，由臺灣南下擴散至菲律賓北部；四千五百年前，再遷移至婆羅洲、印尼等地；一千五百年前，向東擴散至夏威夷、復活島；最後在一千二百年前，向西、向南擴散至馬達加斯加島、紐西蘭（圖 2-1）。雖然南島民族的原鄉在何處，目前學術界尚有中南半島、亞洲大陸東南沿海、新幾內亞和俾斯麥群島（New Guinea and the Bismarck Archipelago）、中國大陸等不同學說；不過，「臺灣」的原住民族語言最多樣與語言間的差異最大，近幾年來被學術界認為是南島民族的起源地（語族的擴散中心），已是最被廣泛接受的說法。[4]

---

[4] 李壬癸，《珍惜臺灣南島語言》（臺北：前衛出版社，2010 年），頁 15；陳其南，〈臺灣獻給世界的禮物——臺灣原住民族與南島民族原鄉論〉，《2007 南島民族論壇與國際學術研討會會議實錄》（臺北：行政院原住民族委員會，2008 年），頁 48。

▲ 圖 2-1　南島民族分布圖 [5]

　　對於臺灣原住民族之認識，現今大家熟知者為十四族。其中包含沿襲自1936年臺北帝國大學（今臺灣大學）「土俗人種研究室」研究員移川子之藏、宮本延人等人，依據高山原住民族的語言、習俗及社會組織，所劃分之九個族群：Atayal（泰雅）、Saisiat（賽夏）、Bunun（布農）、Tsou（鄒）、Rukai（魯凱）、Paiwan（排灣）、Panapanayan（卑南）、Amis（阿美、邦則 Pangt-sah）、Yami（雅美，今族人改稱達悟 Tau）；[6] 再加上至 2001 年，原被認定是化番的「邵族」，[7] 重新認證納入第十族；原居住於蘭陽平原的噶瑪蘭族，因

---

[5]　行政院文建會網站「臺灣觀點地圖系列」──「南島朋友們」，2004 年 2 月。

[6]　森丑之助，《臺灣蕃族圖譜》（臺北：南天書局，1994 年據大正 4 年版），頁 9。

[7]　清光緒元年以後臺灣實施開山輔番政策，邵族居住之領域正處於南投往花蓮之起點，中路統領吳光亮曾於此地興建正心書院，提供邵族孩童讀儒學，因而漢化程度高於其他高山原住民族，約介於高山族與平埔族之間。邵族因漢化而多使用漢語，但生活習俗仍多傳習原

漢人的移墾宜蘭而於道光 20 年（1840）起，分批遷移至花東平原與阿美族人混居，[8] 2002 年正式被政府認定為第十一族；2004、2008 年，同屬於泰雅族語亞群之賽德克（Seediq）語群，分別獨立為「太魯閣族」和「賽德克族」，成為第十二、十四族；[9] 因清末對於臺灣東部開山撫番政策，導致光緒 4 年（1878）花蓮奇萊平原原住民反抗，最後被清兵伐平而隱身於阿美族之中的撒奇萊雅族（Sakizaya），2007 年獨立為第十三族。[10]

　　除了現今被政府所承認的以上十四個原住民族之外，在清代漢人尚未大量移民來臺以前，臺灣的西部平原尚有凱達格蘭（Ketagalan）、道卡斯（Tao-kas）、拍瀑拉（Papora）、巴布薩（Babuza）、巴宰海（Pazih）、洪雅（Hoanya）、西拉雅（Siraya）等族。不過，從目前的語言學分類研究，臺灣的這些原住民族，可能從五千年前開始由嘉南平原，分批擴散出魯凱、鄒、泰雅、賽夏、西部平埔族、排灣、卑南、布農、阿美、噶瑪蘭、凱達格蘭、西拉雅等約二十種語族。[11]

　　整個南島民族分布於太平洋與印度洋，北起臺灣、南至紐西蘭、西至馬達加斯加、東至復活島，約有一千種語言。其中還包括馬來西亞的馬來語，以及中南半島上越南、柬埔寨的沾婆語。雖然臺灣的南島語言只有二十種，只占南島語言的五十分之一，但是臺灣南島語言的多樣性、語言間的差異性，以及保存許多古語的音韻、構詞、句法，卻是其他地區所無之現象。這也正是學術界認為南島民族的起源地（語族的擴散中心）可能在臺灣的主因。由上述可見，臺灣與東南亞的原住民族同屬南島民族，無論學者根據語言古生物學的證據（例如古南島語有許多熱帶植物名稱），推論南島民族源於中南

　　住民族固舊。《劉銘傳撫臺前後檔》（臺北：臺灣銀行經濟研究室，1969 年），頁 16；林文龍，《臺灣的書院與科舉》（臺北：常民文化事業公司，1999 年），頁 77。

[8] 李壬癸，《臺灣南島民族的族群與遷徙》（臺北：前衛出版社，2011 年），頁 105。

[9] 李壬癸，《珍惜臺灣南島語言》（臺北：前衛出版社，2010 年），頁 319。

[10] 楊仁煌，〈撒奇萊雅民族文化重構創塑之研究〉，《2007 南島民族論壇與國際學術研討會會議實錄》（臺北：行政院原住民族委員會，2008 年），頁 198。

[11] 李壬癸，《珍惜臺灣南島語言》（臺北：前衛出版社，2010 年），頁 26、31。

半島、華南；或根據語彙、語言分布與紛歧性，而認為可能源於臺灣，[12] 都已呈現臺灣與東南亞之史前文化淵源。

今臺南市古蹟中的「德記洋行」一樓，常設十七世紀荷蘭殖民臺灣時期「大員生活文物館」，其中「一個荷蘭人的太太」主題，說明荷蘭女性喜歡在衣服和床單上作「十字繡」花樣。這樣的展出，容易使人誤以為臺灣現有原住民族中，保存十字繡工藝的排灣族技藝，或許學自十七世紀在臺之荷蘭人。但是 2011 年 2 月筆者走訪泰北少數民族部落，發現其中來自雲南、緬甸山區之阿卡族、傜族、老黑族等原住民族，都有十字繡工藝（圖 2-2）。若此，或許臺灣排灣族的十字繡，源於南島民族古老工藝之可能性，大於習自十七世紀殖民臺灣的荷蘭（圖 2-3）。否則，居於臺南安平周邊的西拉雅族，所受荷蘭文化之影響應更深，卻未見十字繡工藝流傳。至於臺灣與東南亞原住民族，居住於干欄式房屋，以及使用腰機織布、魚籠捕魚，則是大家所熟知之共同文化（圖 2-4 至圖 2-9）。

▲ 圖 2-2　泰北原住民族之十字繡 [13]

▲ 圖 2-3　臺灣排灣族之十字繡 [14]

---

[12] 李壬癸，《珍惜臺灣南島語言》（臺北：前衛出版社，2010 年），頁 66-72；李壬癸，《臺灣南島民族的族群與遷徙》（臺北：前衛出版社，2011 年），頁 17-19。

[13] 作者典藏品。

[14] 作者典藏品。

▲ 圖 2-4　越南傳統干欄式住屋現代
　　　　呈現（胡志明故居）[15]

▲ 圖 2-5　18 世紀臺灣原住民族干
　　　　欄式住屋與腰機織布 [16]

▲ 圖 2-6　泰北原住民族干欄式住屋 [17]

▲ 圖 2-7　泰北原住民族腰機織布 [18]

---

[15] 作者拍攝於 2010 年 8 月 13 日。

[16] 清代臺灣監察御史六十七使臺期間（1744-1747 年）命工繪製之原住民風俗圖，中央研
　　究院歷史語言研究所「臺灣番社采風圖」數位典藏資料庫，http://saturn.ihp.sinica.edu.
　　tw/~wenwu/taiwan/index.htm。

[17] 作者拍攝於 2011 年 2 月 3 日。

[18] 作者拍攝於 2011 年 2 月 3 日。

▲ 圖 2-8　臺灣阿美族魚籠 [19]

▲ 圖 2-9　印尼－西蘇門達臘原住民魚籠 [20]

二　東南亞華僑

　　華人移民海外歷史悠久，可遠溯自漢、唐通西域與元朝西征至歐洲，以及明朝鄭和七下西洋。不過，清初則因臺灣的明鄭反清勢力，而實施海禁；尤其康熙 56 年（1717）之禁令，明指菲律賓、印尼等地為海盜聚集之處，禁止華人至該處，以免與盜匪勾結造反；而對於已在東南亞之華僑，則視其為天朝棄民，因而在十九世紀中期以前，東南亞華僑移民乃屬零星小規模狀態。然而十九世紀中期，東南亞地區的殖民政府，因殖民地廣泛從事農業種植和礦產開採，需要大量廉價勞工來從事生產勞務；且透過與清朝簽訂之條約，迫使清朝政府開放海禁，允許人民出洋打工，因而吸引大量來自廣東和福建兩省貧窮地區，因社會動盪不安、經濟凋零、戰爭加稅與災荒等造成生活困境中之華人，南去求生活。估計至光緒 16 年（1890），在東南亞各國經商或擔任傭工的華僑，不下三百萬人。[21]

---

[19] 作者拍攝於彰化縣原住民生活館，2011 年 5 月 28 日。

[20] 作者拍攝於印尼－雅加達－縮影公園－西蘇門達臘館，2011 年 8 月 27 日。

[21] 馬來西亞全國華文獨中工委會課程局編，《初中歷史》（第二冊）（吉隆坡：馬來西亞華校董事聯合會總會，1993 年），頁 146-147；陳劍虹，《檳榔嶼華人史圖錄》（檳城：鳳凰印務有限公司，2007 年），頁 19；吳劍雄，《海外移民與華人社會》（臺北：允晨文化，1993 年），頁 7、10、12-13、25、37。

　　東南亞的華人移民狀況，以馬來西亞的檳城州為例，在 1786 年英人弗朗西斯・萊特（Francis Light）占領馬來西亞北部檳榔嶼（今喬治市）時，島上只有三名居住超過 40 年的華人；次年即有華人 60 家，1794 年擴增至 3,000 人。[22] 到了 1812 年檳榔嶼成為商港後，華人增為 7,000 餘人；1850 年官方人口普查顯示，華人在檳榔嶼計有 15,457 人。[23] 這些華人大多數在城市當勞工或零售商，有些則從事香料與甘蔗等農業種植。1845 年一項報導曾描述當時華人的經濟活動群像：「廣東人、客家人、潮州人是傑出拓荒者、木匠、鐵匠、鞋匠、打金匠、裁縫及其他勞力者；福建人則為小店主、商人及香料園園主」。迨至 1931 年，檳城州華人已將近 17 萬人；50 年後的 1980 年則達 48 萬人，占州內總人口的 53.95%。這些華人方言群，依序為福建 54.2%、潮州 22.3%、廣州 11.7%、客家 7.2%、海南島 1.9%。[24]

　　在二十世紀初期到第二次世界大戰前後，由於中國的內戰與天災，華人移民東南亞出現第二次熱潮。以菲律賓為例，在 1914-1925 年間，平均每年都有 1 萬多名華人移民前往。雖然對於早期移民來說，謀生、營利的客居心態難免；但是二十世紀初期起，東南亞各國先後取消華人婦女與兒童移民的禁令，因而得以平衡十九世紀中期第一次移民潮以男性為主的人口結構，為華人定居東南亞奠立基礎。不過，第二次世界戰後，東南亞各國採取各種措施，限制華人移民，尤其 1949 年中共政權成立以後，則完全禁止。因此，此後東南亞華人人口的增加，主要來自當地華人的後代。[25]

　　就目前臺灣中華民國政府統治之領域而言，金門地區也因生活環境惡劣、戰亂，且近於福建廈門港口，乃在 1860 年以後隨著清朝五口通商，金門人大量經由廈門，隨同當時之移民風潮，遠赴東南亞謀生；迨至 1950 年國民政府撤退臺灣，金門成為臺灣之防衛前線，才阻斷金門到東南亞之路。

---

[22] 陳劍虹，《檳榔嶼華人史圖錄》（檳城：鳳凰印務有限公司，2007 年），頁 20。

[23] 文平強編，《馬來西亞華人與國族建構》（上冊）（吉隆坡：馬來西亞華社研究中心，2009 年），頁 40-41。

[24] 陳劍虹，《檳榔嶼華人史圖錄》（檳城：鳳凰印務有限公司，2007 年），頁 16、92。

[25] 曹雲華，《變異與保持——東南亞華人的文化適應》（臺北：五南圖書，2010 年），頁 35-39。

據金門華僑協會調查，金門華僑分布主要以新加坡約10萬人、印尼5.5萬人、馬來西亞4.4萬人為主，其他則以數千人分居於菲律賓、汶萊、越南，或以數百人分居於泰國、緬甸等國。[26]

我國僑務委員會自民國92年開始透過世界各國政府統計機構、國際組織及研究單位，蒐集海外華人訊息，出版《各國華人人口專輯》。依據該會民國98年12月出版之《各國華人人口專輯》（第三輯）以及民國100年5月刊登於該會網站之「華人人口專題分析」，東南亞各國華人狀況如下：[27]

（一）越南

依據近代較可靠之官方統計資料，1946年越南華人約為50萬人，10年後的1955年成長為80萬人。其中北越約占10%，南越90%。1975年北越統一南越之後，1979年進行人口普查，全越人口4,967萬2千人，華人約86萬7千人，占全越人口1.75%。迨至2009年普查顯示，華人約為97萬1千人，占全越人口1.13%。若依照人口成長率與華人1.13%推估，2010年華人約為98萬人。除了越南華人為數不少之外，1988-2005年直接投資越南的75個國家中，來自臺灣的總投資金額為77.6億美元，排名第一。[28]

（二）緬甸

華人早從雲南移居緬甸從事商業活動。十八世紀時，每年約有5萬華人前往緬甸北部開採礦產。依據1911年英國殖民緬甸時之普查，華人約為12萬2千人；至1931年華人近20萬人，其中福建、廣東約各占33%，雲南占20%。

1948年緬甸獨立後，依據1983年之人口普查，華人占全緬人口0.7%，約23萬4千人。惟此數未全部納入中緬混血者，因而華人比例偏低。若依據聯合國經濟社會事務部人口處之估計，華人約占2.18%，則2010年全緬華人約介於110萬1千至121萬9千人之間。

---

[26] 范世平，《金門縣志‧華僑志》（金門：金門縣政府，2009年），頁318-319、410-411。

[27] 中華民國僑務委員會，《各國華人人口專輯》（第三輯）（臺北：僑務委員會，2009年），頁27-65；僑務委員會網站，2011年7月22日。http://www.ocac.gov.tw/public/public.asp?selno=947&no=947&level=B#2。

[28] 越南中央思想文化部，《越南2020年展望》（河內：世界出版社，2007年），頁31。

(三) 泰國

　　早期福建、廣東、客家、海南華人，因政治動亂或經濟凋零而移民泰國。其中以廣東潮汕一帶華人爲大宗，約占七成。到了十九世紀初，移居泰國的華人已約 43 萬 5 千人。迨至 1953 年，泰國政府統計華人約爲 116 萬 3 千人。若以華人占全泰人口 11.3% 比例推估，2010 年泰國華人約爲 739 萬 5 千人，爲泰國僅次於傣族之第二大族群。[29]

▲ 圖 2-10　泰國・清邁之華人市集 [30]

(四) 馬來西亞

　　馬來西亞在十九至二十世紀英國殖民期間，需要大量勞工，從事礦場及橡膠產業，因而吸引大量華人移民。依據 1911 年首次人口普查，華人約 69 萬 3 千人，占全部人口 29.64%。近一世紀以來，馬來西亞華人人數穩定成長，只是所占馬國人口比例下降爲 25%。依據馬來西亞 2010 年官方統計，華人約爲 647 萬 9 千人，是爲東南亞國家中，華人人數眾多之地區。

　　正因爲馬國華人眾多，華族文化意識容易形成。2010 年馬來西亞有 1,280

---

[29] John Hoskin., *Presenting Thailand* (Bangkok: Asia Book CO., LTD, 2011), p.27.
[30] 作者拍攝於 2011 年 1 月 30 日。

所華文小學、60 所華文獨立中學、3 所華文學院,在學學生約 70 萬名(圖 2-11、2-12)。且因華人於馬國升大學,受限於族群名額分配,50 年來已近 4 萬名大學生選擇來臺灣留學。以 2006 年爲例,馬來西亞來臺留學生即有約 1,000 名,2009 年增爲 1,403 名。[31]

▲ 圖 2-11　馬來西亞・檳城之華文小學——孔聖廟中華小學 [32]　　▲ 圖 2-12　馬來西亞・檳城之華文中學——日新中學 [33]

(五)新加坡

　　新加坡原屬於馬來西亞柔佛王國的一部分,1824 年成爲英國殖民地。因新加坡具備天然海港條件,吸引福建、廣東、海南等地華人移民。1850 年英國殖民政府普查,新加坡有華人 2 萬 7,988 人;而且在東南亞國家中,新加坡華僑增長快速,至 1911 年時已超過 20 萬人。[34] 近一世紀以來,華人已占新加坡總人口的 74.7%。據 2010 年官方統計,新加坡居民計 507.67 萬人,華人即有 379 萬 2 千人。[35]

---

[31] 馬來西亞留臺校友會聯合總會,《創會 35 週年紀念特刊》(吉隆坡:馬來西亞留臺校友會聯合總會,2010 年),頁 4、21、120、197。

[32] 作者拍攝於 2010 年 7 月 21 日。

[33] 作者拍攝於 2010 年 7 月 18 日。

[34] 文平強編,《馬來西亞華人與國族建構》(上冊)(吉隆坡:馬來西亞華社研究中心,2009 年),頁 41。

[35] 新加坡統計局網站,2011.7.23。http://www.singstat.gov.sg/stats/themes/people/hist/popn.html。

▲ 圖 2-13　新加坡·聖陶沙歷史文物館展出之華人社會蠟像 [36]

(六)印尼

　　印尼在二次世界大戰以前，長達 300 多年為荷蘭殖民統治。早在 1624 年荷蘭殖民臺灣以前的 1602 年，荷蘭即在雅加達（當時稱為巴達維亞 Batavia）建立具有政府統治職權的荷屬東印度公司。[37] 荷屬東印度公司，為種植菸草、橡膠，以及開礦等需要，向中國招募勞工。據荷蘭殖民政府 1860 年人口調查，當時印尼人口 1,251 萬人，其中華人 22 萬人，占 1.8%。1920-1930 年期間，印尼經濟快速成長，因而再次大量吸引華人移民，使得 1930 年華人總數達到 123 萬人。

　　迨至民國 21 年（1932）中日淞滬戰事以後，中日戰爭持續擴大，中國沿海居民為避戰禍，在 1932-1938 年間，再有 9 萬 7 千餘人移民印尼。最後一批福建、廣東、客家各籍華人移民潮，則是在 1949 年中共政權建立以後，終止於 1953 年起印尼政府嚴格限制華人再移民入境。若以 1980-1990 年代，

---

[36] 作者拍攝於 2007 年 7 月 19 日。

[37] 國立暨南國際大學東南亞研究中心編，《東南亞文化教學手冊》（南投：國立暨南國際大學，2006 年），頁 209。

印尼華人所占全國 3.3% 來推估，2010 年約有華人 790 萬人。

　　與馬來西亞華人際遇不同的是，1965 年印尼共產黨企圖發動政變未成，印尼執政當局認為此乃中國大陸所策劃，因而全面禁止華文的使用與教育行為。直到 1990 年代，因為亞洲經濟發展，華文成為跨國企業活動的重要語言，印尼的華文教育才獲得局部開放，[38] 而且 2004 年印尼第一次總統民選後，華僑文化逐漸獲得發展空間。

▲ 圖 2-14　建於 2006 年印尼・雅加達之華人文化公園 [39]

(七) 菲律賓

　　華人移民菲律賓始於十六世紀，尤其 1570 年西班牙人殖民菲律賓以後，發展馬尼拉至墨西哥之間的貿易，因而吸引大量華人移民。1600 年時，華人已有 2 萬人。不幸的是，華人增多引起西班牙殖民政府的猜忌。1603-1762 年的 160 年間，華人曾遭受 5 次大規模屠殺，因此在 1876 年人口普查時，華人僅約 3 萬人。迨至 1898 年西班牙因敗戰而將菲律賓統治權轉移給美國，40 年後的 1939 年，華人將近 12 萬人。此後華人人口逐漸成長，1960 年增為 18 萬人。若以菲律賓 1.56% 人口比例推估，2008 年華人人口約 141 萬 1

---

[38] 董鵬程，〈印尼華文教育的省思〉，輯於《印尼華文教育與教學》（桃園：中原大學應用華語文學系，2006 年），頁 28。

[39] 作者拍攝於 2011 年 8 月 27 日。

千人。但菲律賓華裔青年聯合會估計，華人所占菲律賓總人口未及 1%。在
目前缺乏明確官方統計之下，依 2010 年菲律賓總人口 9,401 萬之 1-1.5% 推
估，華人人口約介於 94 萬至 141 萬之間（表 2-1）。[40]

表 2-1　2010 年東南亞各國華人人口概況表 [41]

國別	華人人口（萬人）	華人占該國人口比例（％）
越南	98	1.13
緬甸	110.1-121.9	2.18
泰國	739.5	11.3
馬來西亞	647.9	25
新加坡	379.5	74.7
印尼	790	3.3
菲律賓	94-141	1-1.5

　　由上述可見，現今東南亞各國之華僑，以印尼、泰國、馬來西亞之六、
七百萬人較多；至於華人占該國人口比例，則以新加坡 74.7% 最高，馬來西
亞 25% 次之。1950 年國民政府遷臺後，政府極力促成海外華僑以臺灣為祖
國。許多華僑之表現也不負國人期待。以 1959 年臺灣嚴重的「八七水災」
為例，臺灣中南部十二縣市學校災害嚴重。災後以華僑捐款所建之學校計有
24 所，以「僑」字冠於校名之首。[42] 例如：苗栗縣之僑育、僑成、僑善、僑文、
僑樂；臺中市之僑忠、僑孝、僑仁；彰化縣之僑信、僑義、僑愛；南投縣之
僑建、僑光、僑興；雲林縣之僑和、僑真；嘉義市之僑平；屏東縣之僑德、
僑智、僑勇等國民小學。

　　以移民東南亞之 20 餘萬金門華僑為例，從 1920 年代起，即開始回饋家

---

[40] 菲律賓全國統計協會網站，2011.7.23。http://www.nscb.gov.ph/secstat/d_popnProj.asp。

[41] 中華民國僑務委員會，《各國華人人口專輯》（第三輯）（臺北：僑務委員會，2009 年），
頁 27-65；僑務委員會網站，2011 年 7 月 22 日。http://www.ocac.gov.tw/public/public.asp?s
elno=947&no=947&level=B#2。

[42] 〈僑智國民小學校史〉，屏東縣內埔鄉僑智國民小學網站，搜尋日期 2009.5.6，http://www.
chjps.ptc.edu.tw/history/history.htm。

鄉金門，諸如：籌設金廈之間交通輪船、回鄉賑災、捐助金水國小等各級學校之新式校舍興建（圖 2-15）、捐建養老院、圖書館、防盜碉樓等慈善公益場所等。[43] 現今走訪金門，除華僑光耀門楣之家祠外，隨處可見其回饋鄉梓之公共建築。

　　若以現今東南亞華僑之後代子弟，對於臺灣華族文化的認同與選擇來臺灣留學而言，馬來西亞以擁有眾多華文小學、華文獨立中學，以及 50 年來已近 4 萬名大學生選擇來臺灣留學，與臺灣之關係最為密切。

▲ 圖 2-15　1932 年印尼金門華僑捐建之金水國小 [44]

❸ 臺灣的東南亞新移民

　　臺灣自民國 76 年（1987）解除戒嚴以後，對於中國大陸地區開放探親；也於民國 80 年（1991）在官方與民間分別成立「行政院大陸委員會」、「海峽交流基金會」，與中國大陸成立之「海峽兩岸關係協會」，進行兩岸經貿、

---

[43] 范世平，《金門縣志・華僑志》（金門：金門縣政府，2009 年），頁 341-376。

[44] 作者拍攝於 2008 年 7 月 6 日。金水國小校舍於 2005 年由金門國家公園規劃為金門華僑故事展示館。參見：金門國家公園網站，2011 年 10 月 10 日。http://www.kmnp.gov.tw/ct/index.php?option=com_eftour&view=gtour&id=18&Itemid=10。

文化、學術、體育、演藝、出版等交流。在此同時,民國 76 年臺灣政府解除外資管制條例,正迫於勞工薪資升高與環保意識增強之勞力密集與污染性之工廠,乃逐漸遷移至工資低廉、環保標準不高的菲律賓、泰國、馬來西亞、印尼與越南等東南亞國家。[45] 上述 26 年來,臺灣與中國大陸、東南亞之交流活動,導致兩國人民的接觸而發展跨國聯姻關係。現今,臺灣的中國大陸與東南亞配偶人數已超過 45 萬人(表 2-2)。

表 2-2　民國 93-101 年臺灣的中國大陸、東南亞配偶人數統計表

年度	中國大陸配偶	東南亞配偶	合計
93	194,990	111,461	306,451
94	212,954	119,587	332,541
95	227,508	121,962	349,470
96	240,165	123,708	363,873
97	251,293	125,550	376,843
98	262,155	128,021	390,176
99	297,237	130,390	427,627
100	308,535	133,255	441,790
101	317,435	134,963	452,398

資料來源:內政部移民署網站

http://www.immigration.gov.tw/ct.asp?xItem=1095285&ctNode=29699&mp=1

　　誠如前述,民國 70 年代中期以後,臺灣勞力密集與污染性高之工廠,逐漸遷移至菲律賓、泰國、馬來西亞、印尼與越南等東南亞國家。此一時期遠赴東南亞的臺商員工,因工作環境與東南亞人民接觸;而東南亞地區的人民也期盼藉由婚姻移民,獲得經濟改善,彼此之間乃開始串連起臺灣與東南亞之跨國婚姻網絡。在這個跨國婚姻網絡中,成功聯姻的男女雙方,也逐漸藉由同事、親友擴大引介,甚至改行專業仲介,尋覓與撮合婚姻對象。而因為工廠外移導致失業的 30-40 歲臺灣男子,正因為只能從事臨時工、搬運工、

---

[45] 夏曉鵑,〈資本國際化下的國際婚姻——以臺灣的外籍新娘現象為例〉。刊於夏曉鵑編,《騷動流移》(臺北:臺灣社會研究雜誌,2009 年),頁 86。

車床工、化工、小販等低技術工作，或船員、漁民等缺乏交友社會關係之職業，而處於婚姻困境。[46] 這種跨國聯姻，正好滿足臺灣與東南亞兩地之需要。

　　隨著臺灣資金在東南亞各國的增長，跨國聯姻乃呈現正相關發展。民國75-80年，臺資集中在馬來西亞、泰國、菲律賓，因此東南亞配偶在此時段，即大多來自泰、菲（馬來西亞經濟較佳，婚姻新移民不多）。民國80年起臺資對印尼投資增加，印尼新娘（大多數來自西加里曼丹）每年超過2,000名嫁來臺灣。爲減緩印尼新娘之成長，駐印尼臺北經貿辦事處壓低審核速度；正好民國83年在臺灣鼓勵臺商投資東南亞的「南向政策」推動下，臺灣與越南簽訂「投資保障協定」，次年起越南臺資大增，形成1988-2005年直接投資越南的75個國家中，來自臺灣的總投資金額爲77.6億美元，排名第一之現象。在此情勢之下，臺灣男子乃轉往越南尋找結婚對象，從此越南婚姻新移民人數，乃領先其他東南亞各國。[47]

　　從這些東南亞籍配偶來臺後，連續三年且每年合計有183日以上合法居留後，取得我國國籍人數，[48] 可明顯看到印尼、越南籍婚姻新移民，分別從民國86、88年以後激增。截至民國100年12底爲止，取得我國國籍之東南亞配偶人數已超過9萬人。依序爲越南63,344人，印尼22,643人、柬埔寨4,128人、菲律賓3,973人、緬甸2,177人、泰國1,234人（表2-3）。

表2-3　民國75-100年臺灣的東南亞新移民取得我國國籍人數統計表

年別	性別	越南	印尼	泰國	柬埔寨	菲律賓	緬甸
75	男	－	－	－	－	1	－
	女	－	－	－	－	3	－

---

[46] 夏曉鵑，〈資本國際化下的國際婚姻——以臺灣的外籍新娘現象爲例〉。刊於夏曉鵑編，《騷動流移》（臺北：臺灣社會研究雜誌，2009年），頁93。

[47] 夏曉鵑，〈資本國際化下的國際婚姻——以臺灣的外籍新娘現象爲例〉。刊於夏曉鵑編，《騷動流移》（臺北：臺灣社會研究雜誌，2009年），頁74-75、79、88-90；越南中央思想文化部，《越南2020年展望》（河內：世界出版社，2007年），頁31。

[48] 《國籍法》第四條。

年別	性別	越南	印尼	泰國	柬埔寨	菲律賓	緬甸
76	男	—	—	—	—	3	—
	女	—	—	—	—	15	—
77	男	—	—	—	—	—	—
	女	—	—	—	—	12	—
78	男	—	—	—	—	—	—
	女	—	—	—	—	—	—
79	男	20	—	—	—	1	—
	女	18	12	—	—	8	—
80	男	34	—	—	—	1	—
	女	32	—	2	1	2	—
81	男	15	—	—	—	1	—
	女	12	1	1	—	7	—
82	男	17	—	—	—	9	—
	女	3	3	1	—	15	—
83	男	1	2	3	—	4	—
	女	—	14	14	—	28	1
84	男	—	1	—	—	3	—
	女	1	11	13	—	22	1
85	男	8	—	—	—	4	—
	女	2	184	20	1	23	8
86	男	5	6	1	—	8	—
	女	51	1,997	27	—	56	49
87	男	5	6	—	—	6	—
	女	171	3,058	53	11	175	114
88	男	—	6	—	—	8	3
	女	907	2,727	37	183	303	352
89	男	4	12	—	1	9	8
	女	2,200	2,052	86	325	273	165
90	男	1	13	2	—	15	16
	女	1,279	320	77	96	205	49
91	男	1	22	2	1	6	47
	女	514	238	137	151	160	146

年別	性別	越南	印尼	泰國	柬埔寨	菲律賓	緬甸
92	男	1	3	1	—	6	21
	女	407	261	92	317	187	114
93	男	2	28	3	—	14	9
	女	2,349	2,863	60	690	309	116
94	男	9	34	—	—	15	4
	女	8,197	2,197	33	350	374	14
95	男	5	21	1	—	17	4
	女	10,168	1,255	72	—	364	23
96	男	13	20	2	1	11	1
	女	8,213	1,273	116	830	187	26
97	男	18	20	1	—	10	29
	女	10,693	1,218	120	619	237	152
98	男	18	28	3	1	18	48
	女	7,538	1,057	104	313	307	265
99	男	16	37	1	—	16	42
	女	5,871	876	71	165	264	230
100	男	11	29	5	—	10	26
	女	4,514	738	73	72	237	94
合計		63,344	22,643	1,234	4,128	3,973	2,177

資料來源：行政院主計處網站，2012 年 12 月
　　　　　http://www.dgbas.gov.tw/ct.asp?xItem=15410&CtNode=3624

　　受限於國籍法，新移民配偶需連續三年合法居留，才能取得我國國籍之限制，歸化我國者雖僅 9 萬多人；但是實際上東南亞新移民人數多於取得國籍人數。依據內政部移民署統計，至民國 101 年 10 月為止，東南亞五個國家來臺新移民配偶已超過 13 萬人，依序為越南 87,302 人，印尼 27,624 人、泰國 8,315 人、菲律賓 7,438 人、柬埔寨 4,284 人（表 2-4）。

表 2-4　民國 93-101 年臺灣的東南亞新移民統計表

年度 \ 人數	越南	印尼	泰國	菲律賓	柬埔寨	合計
93	68,181	24,446	8,888	5,590	4,356	111,461
94	74,015	25,457	9,675	5,899	4,541	119,587
95	75,873	26,068	9,426	6,081	4,514	121,962
96	77,980	26,124	8,962	6,140	4,502	123,708
97	80,303	26,153	8,331	6,340	4,423	125,550
98	82,379	26,486	8,116	6,694	4,346	128,021
99	84,246	26,980	7,970	6,888	4,306	130,390
100	86,249	27,261	8,262	7,184	4,299	133,255
101	87,302	27,624	8,315	7,438	4,284	134,963

資料來源：內政部移民署網站，2012 年 10 月
http://www.immigration.gov.tw/ct.asp?xItem=1095285&ctNode=29699&mp=1

　　這些龐大且仍在增加的東南亞新移民，已逐漸在促使臺灣與東南亞建立水乳交融的關係。其一，這些新移民將成為新的臺灣族群，未來將可能超越臺灣原住民族人數。這些新移民勢將為臺灣注入語言、飲食、服飾、舞蹈、手工藝等新文化。這些東南亞文化，將豐富臺灣原有多元文化內涵。其二，這些女性新移民來臺原因，乃導因於近 26 年來臺灣婚姻困境男子之需求，因此新移民家庭子女人數，在新生代人數之比率已逐漸提升。以 100 學年度為例，這些新移民配偶子女就讀國中、小之人數，已占全體學生數之 5.0098%（表 2-5）。由此可見，臺灣與東南亞關係之密切。

表 2-5　94-100 學年度東南亞新移民配偶子女就讀國中、小人數統計表

國別	94 學年	95 學年	96 學年	97 學年	98 學年	99 學年	100 學年
越南	10,930	16,585	25,299	37,004	49,001	61,234	71,483
印尼	14,206	18,107	21,825	25,415	27,704	28,663	28,408
泰國	2,855	3,257	3,590	3,975	4,234	4,285	4,331
菲律賓	3,801	4,500	5,084	5,431	5,713	5,828	5,630
柬埔寨	613	1,134	1,840	2,580	3,258	3,968	4,526
緬甸	1,357	2,007	2,162	2,261	2,475	2,467	2,363
合計	29,961	45,590	59,800	76,666	92,385	106,445	116,741

國別	94 學年	95 學年	96 學年	97 學年	98 學年	99 學年	100 學年
全臺灣國中、小學生數	2,783,085	2,750,737	2,707,372	2,629,415	2,541,932	2,439,548	2,330,224
新移民配偶子女所占比率	1.0765%	1.6574%	2.2088%	2.9157%	3.6344%	4.3633%	5.0098%

資料來源：教育部統計處網站，2012 年 12 月
　　　　　http://www.edu.tw/statistics/content.aspx?site_content_sn=8869

（四）結論

　　本章從臺灣的史前原住民族、東南亞華僑與現今東南亞新移民等三個面向，來描述歷史中臺灣與東南亞的文化關係。第一，就臺灣與東南亞的原住民族而言，彼此均屬於南島民族；兩者均有可能是南島民族的發源地，而顯現彼此緊密文化關係。再者，就華僑文化關係而言，自十九世紀中葉以後，大量華人移民東南亞各國；這些華僑關心與回饋臺灣的社會發展，或捐款賑災、興學，或熱心慈善公益，其中尤以金門華僑回饋鄉梓為最。第三，就臺灣現有東南亞婚姻新移民而言，人數已超過 13 萬人；這些新移民除了協助臺灣男子建立家庭與繁衍子孫之外，也為臺灣引進東南亞異國文化。而在新生代比率漸增的新移民之子，更是讓臺灣與東南亞的血緣交融在一起，未來必將增進臺灣與東南亞更深一層的文化關係。

問題思考

一、臺灣與東南亞的原住民，既同屬於南島民族，彼此之間應如何互動，以便保有族群文化特色？

二、華僑既然遍布東南亞地區，我國如何據以建立臺灣與東南亞之互動或邦交關係？

三、如何協助東南亞新移民適應臺灣社會，同時也讓臺灣人熟悉東南亞文化？

第 3 章

近代臺灣與
東南亞的貿易發展

許世融

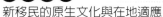

前言

　　一直以來，貿易始終是臺灣經濟發展的最重要項目，甚至可視為是臺灣立國的基礎。而在不同的時代，臺灣的貿易對象也有些轉變。舉例言之，十七世紀時，不論是荷蘭或明鄭時期，臺灣的貿易是採取多角化的經營，藉由轉運周邊地區的特有商品來賺取利潤，儼然成為所謂的「亞太營運中心」；不過到了十七世紀末，臺灣被納入大清帝國版圖後，貿易對象便被鎖在中國大陸；十九世紀下半，由於開港通商，臺灣的貿易對象，則轉向了全世界：烏龍茶賣到美國紐約、包種茶賣到東南亞、糖賣到中國和日本、樟腦則銷到世界各地；到了日治時代，臺灣的貿易對象又漸漸轉到日本殖民母國；戰後初期則以美、日兩國為主，到了1980年代中國實施改革開放後，不少臺商前往投資，回頭傾銷國內，使得臺灣的貿易對象漸轉向中國。

　　只是，在上述臺灣的貿易發展中，似乎始終擺脫不了向西、向東、乃至向北發展，至於向南的貿易關係則往往為人所忽略。其實早在史前時代，臺灣即與東南亞產生商品交換的行為；荷、鄭時期的多角貿易，東南亞也是不可或缺的一環；日治時期，臺商掌握東南亞臺茶貿易，以及到東南亞投資的事例更是屢見不鮮；而在全球化的今天，早期熱中到中國投資的臺商，為了規避風險，也已逐步轉向東南亞。換言之，就整個臺灣貿易發展史來看，東南亞之於臺灣，雖非最重要，卻也始終不曾缺席（清領時代前期除外）。

　　貿易商把甲地的東西販賣到乙地，當然也會想到可以順道將乙地的東西回銷到甲地，因此，貿易不僅僅是物品的交流，連帶也會帶來資金、人員，乃至於文化的交流。本章的目的，即是希望藉由長時期的觀察來探討臺灣與東南亞的貿易發展關係。

　　臺灣海峽在距今約一萬八千年至一萬年全新世以後形成，但臺灣島上的人群並未因為海峽的隔絕而孤立，反而與擁有相同環境的亞洲大陸東南沿海地區有頻繁的互動。1940 年代國分直一指出：新石器時代中期澎湖和臺灣本島西南部沿海地區因為石材取用所形成的互動，新石器中晚期以臺灣玉為材料及半成品所形成的全島互動體系，甚至擴張到環南海的局部區域，目前所知最遠到達泰國。而當代的考古學者劉益昌也提到新石器時代中期，臺灣史前人類開始大量製造自己所生產臺灣玉的裝飾品，且順著人群往海外遷移，順便帶到菲律賓去，臺灣史前時代的人已把自己的勢力擴張到東南亞；根據洪曉純的研究，當時的貿易已到達菲律賓、越南、婆羅洲、泰國南部等地區。到了金屬器時代之後，臺灣先民與外來的接觸更為頻繁，如北部十三行文化遺址中，便出土多量瑪瑙珠、玻璃手鐲、玻璃珠以及其他質料的珠子。足見在沒有文字記載之前，臺灣先民與周邊地區的貿易活動早已展開。只是受限於文字記載的缺乏，未能詳述之。以下則將按照時間的脈絡，略述臺灣進入文字記載的歷史後，與東南亞的貿易發展概況。

一　荷治時期的臺灣與東南亞

　　十七世紀初期，荷蘭人趕上歐洲重商主義的浪潮，前來東方謀求商業利益。在歷經兩次占領澎湖未果之後，毅然決定轉進大員，於 1624 年抵達臺灣。荷人據臺時期，由於統治主體荷蘭東印度公司總部設在巴達維亞（印尼雅加達），而臺灣則是其眾多亞洲地區的商館之一，不但須定期回報其統治概況，也肩負著貨物轉運的功能，因此透過荷蘭在臺所從事的多邊貿易，臺

灣與東南亞間建立起密切的貿易往來。尤其到了 1641 年荷人占領麻六甲之後，從臺灣出發的荷蘭船隻，可以經由麻六甲海峽直達印度，不必再經過巴達維亞，繞行異他海峽，臺灣與東南亞的貿易關係更形密切。

　　不過荷人在臺的貿易也非自始至終都很順利，以下先言荷人在臺貿易所受的條件限制，進而探討其貿易內容與貿易成就。

(一)荷人在臺發展貿易的條件限制

　　荷人占領臺灣，最主要便是獲取經濟上的利益。據臺之初，一方面努力排除競爭勢力，一方面則力謀臺灣貿易的展開。不過當時在臺灣的貿易，實際上需依靠中國大陸，而荷蘭自澎湖撤退後，福建當局對於臺灣的貿易遂採取默認的態度。翌年海禁開放，使得 1625-1626 年間，荷蘭在臺灣的貿易狀態轉好。惟不久隨即遭到鄭芝龍海上勢力的威脅，為此，荷蘭長官諾易茲（Pieter Nuyts）在 1628 年與鄭氏訂有為期三年的生絲、胡椒等的貿易契約；其後又在 1630 及 1640 年訂有互惠協定，可知鄭氏與荷蘭間在貿易上實有密切的關係。未幾，明清鼎革，鄭芝龍的勢力也為其子成功所承繼，1650 年代，鄭成功曾禁止沿海商賈的臺灣貿易，荷蘭人為了打開商業僵局，1657 年派遣何斌至鄭成功處，請求開放貿易，稍後貿易即重行開放。只是到了鄭氏在大陸的軍事失敗後，為謀更長遠的反清基地，遂於 1661 年入臺，翌年，荷人亦結束在臺 38 年的統治。

　　綜上所述，荷人在臺貿易的盛衰，實與大陸的情勢相表裡，而其與鄭氏父子間的關係，尤為密切。

(二)貿易經營體系

　　帶領荷蘭人來到亞洲的，是一家公司，即荷蘭「聯合東印度公司」（Verenigde Oostindische Compagnie，簡稱 VOC）。這是因為荷蘭到東方起步較葡、西為晚，各省組織的小公司力量過於分散，無法和搶占先機的葡萄牙人競爭，因此在國家會議主導下，1602 年聯合荷恩（Hoorn）、恩克豪申（Enkhuizen）、阿姆斯特丹（Amsterdam）、鹿特丹（Rotterdam）、達夫特（Delft）、熱蘭遮（Zeeland）六個省市，組成聯合東印度公司。

　　公司設六十位管理委員，從中選出十七位常務委員組成最高管理機構「十七人董事委員會」，採評議和協商的方式決定政策與施政。聯合東印度公司雖然是商人集團，實際上擁有行政、司法、軍事等公權力。這是因為近代初期的歐洲國家競爭激烈，經商和外交、戰爭分不開。為了讓東印度公司擁有競爭力，荷蘭國家議會特許它代表國家，擁有締結和約、宣戰、媾和、統治和徵稅的權力，還可以行使司法裁判權。這家公司等於是荷蘭在東方的代表，巴達維亞設有總督與評議會，臺灣的大員商館便隸屬巴達維亞管轄。

　　東印度公司有許多招募水手的辦法，例如荷恩城，公司與當地孤兒院簽約，每年送一定人數的男孩上船當水手，公司負責食宿，但不支付薪水。每名水手有一個裝滿生活必需品的工具箱，還有聖經及吊床，若不幸在船上喪生，吊床就用來包裹屍體，進行海葬。

　　1619 年以後，聯合東印度公司亞洲總部設在巴達維亞，派任總督，控管荷蘭在亞洲的商業和統治。1624 年荷蘭在臺建立殖民地，長官即由此指派。首任東印度總督顧恩要求公司人員詳細記錄業務，因此留下《一般報告》、《巴達維亞城日記》等研究十七世紀臺灣史的第一手資料。

(三) 荷人在臺的貿易內容與成就

1. 荷人在臺的貿易內容

　　荷蘭在臺的貿易主要內容為：由日本、歐洲運銀到臺灣，向中國購入生絲、瓷器、藥材等，再轉銷日本、波斯、荷蘭或歐洲其他地方；由南洋購入香料、胡椒、鉛和錫等，轉售中國；將臺灣所產的蔗糖銷售到日本、波斯，稻米輸往中國；另外，就是將臺灣鹿皮銷往日本，作為刀鞘等戰具的裝飾材料。此外，臺灣北部的硫磺，也曾輸出到中國大陸及柬埔寨等有戰爭的地方。在本時期臺灣對東南亞的貿易中，尤以下列幾項最為重要：

(1) 瓷器

　　十七世紀初，荷蘭人曾經連續兩次搶劫葡萄牙船隻，獲得大量中國瓷器，在阿姆斯特丹拍賣，轟動全歐，讓荷人見識到中國瓷器的魅力，開始積極經營。荷人來臺後，也以臺灣為瓷器的轉口站，1602 到 1682 年，平均每年從

中國輸出二十萬件的瓷器，在大員商館存在期間，絕大部分瓷器都是經由臺灣轉運的。

(2) 香料

中國的黃金或日本的白銀，都可以用來換取印度的棉布。但是荷蘭人真正的目的並不是要購買印度棉布，而是把棉布當成一種交換媒介。因為當時香料群島的原住民不接受金銀作為貨幣，荷蘭人必須用棉布才能在東南亞換到胡椒、丁香、荳蔻等香料，香料不論在歐洲或中國都很受歡迎。香料是歐人東航的原始目的，也同樣吸引中國人。中國人除了消費之外，也把一部分胡椒和生絲、絲綢、瓷器一起出口到日本和朝鮮。不過十七世紀時，亞洲的胡椒貿易路線發生了變化，歐洲人既然被香料吸引到東方來，葡萄牙、西班牙、荷蘭和英國的商人無不紛紛投入香料貿易。荷人據臺之後，便把胡椒運到臺灣，再從臺灣銷往中國和日本。

(3) 金銀

荷蘭人在東方的交易鏈，是用金銀換印度棉布，用棉布換香料，再將香料運銷回歐洲。臺灣正是這個跨越整個東亞交易鏈中關鍵的一環。

由於中日兩國的金銀比例相差至少一倍，荷人只要拿日本白銀到中國換黃金，再用黃金回日本換白銀，轉手間便可賺取高額利潤，正如今日國際貿易中的匯差。不過荷人將日本白銀運抵臺灣之後，部分流往中國，部分則用來交換黃金、瓷器及其他特產，運往東印度公司在亞洲的其他商館，從臺灣轉口輸出的金銀，儼然成了荷蘭東印度公司在亞洲活動的資金。而經過臺灣流通的貨幣也非常多樣化，有荷蘭金、銀幣、西班牙里爾（Real）、墨西哥銀幣、印尼金幣、匈牙利金幣、南明銅錢等。

(4) 土產貨物

荷人為了開發臺灣的土地資源，遂引進水牛作為動力，同時也鼓勵農業技術相對較高的中國漢人移民，開墾西部平原，種植稻米和甘蔗。米穀主要供島內人口食用，砂糖才是東印度公司主要出口的農產品，輸往波斯、日本和歐洲。臺灣出口砂糖為東印度公司獲取的利潤，比同時種蔗製糖的爪哇為高。

此外，另一項重要的出口土產是鹿皮和鹿脯，不過前者主銷日本，後者主銷中國，與東南亞貿易關係較不密切。

2.荷人在臺的貿易成就

荷蘭人在臺灣貿易所獲得的淨利，在亞洲各商館中，是次於日本而居第二位的。1649 年虧損的商館有錫蘭、暹羅等九處，獲利的則有日本、臺灣等十處。獲利總額為 1,825,602 盾 6 辨尼，其中日本占第一位，是利益總額的 38.8%；其次是臺灣，占獲利總額的 25.6%。不過在日本之所以能獲利，實際上是由於臺灣所供給的絲綢等中國貨物，足見臺灣在荷蘭的東方貿易中之重要性。

二 明鄭時代的臺灣與東南亞貿易

明鄭自領臺以後，為了遂行反清復明之志，除了積極開發臺灣之外，更致力於通洋之利，屢派商舶駛往各地蒐購軍需糧食，並兼以牟利；而東南亞地區各國商民、洋商、華商亦多基於利之所趨，紛紛駕船前來營商，遂造就臺灣與東南亞貿易的盛況。以下將先敘述明鄭發展東南亞貿易的動機與有利條件，接著再敘述臺灣到東南亞貿易的狀況。

(一)明鄭發展東南亞貿易的動機與有利條件

1.明鄭發展東南亞貿易的動機

明鄭發展東南亞貿易的動機，最重要的當然是為了支援其抗清的軍事行動。蓋鄭成功從 1647 年起兵抗清以來，先後興起戰役數十，1658 年甚至揮軍北上長江流域，但翌年自金陵敗退，再度退守廈門，此時鄭氏深知挽回逆勢非短期內能實現，因此不論練兵或籌餉，都需做長久之計。加上長期固守金、廈實有其困難，而何斌又適時提供臺灣的情報，於是鄭成功乃決議轉進臺灣。只是領臺之後，雖暫時獲得立足地，但資源開發尚待努力，而龐大的軍眷嗷嗷待哺，專倚臺灣地利恐有不足。江日昇的《臺灣外記》提到：

（永曆五年十二月）成功見士卒繁多，地方窄狹，以器械未備、糧餉不足為憂，遂與參軍等……共會議。澄世曰：「方今糧餉充足，鉛銅廣多，莫如日本，故日本每垂涎中國。前者翁太夫人國王既認為女，則其意厚。與之通好，彼必從。藩主何不修書，竟以甥禮自待，國王必大喜，且借彼地彼糧以濟吾用。然後下販呂宋、暹羅、交趾等國，源源不絕，則糧餉足而進取易矣。」成功是之。令兄泰造大艦，洪旭佐之，以甥禮遣使通好日本。國王果大悅，相助鉛銅，令官協理，鑄銅貢、永曆錢、盔甲、器械等物。

可以見到明鄭君臣正希望利用對日貿易，然後漸漸及於呂宋、暹羅、交趾等東南亞國家，以滿足財政的需求。

2.明鄭發展東南亞貿易的有利條件

即便明鄭有強大的動機發展對外貿易，但仍需要其他條件與之配合方能推展。推究當時情勢，的確有不少有利於明鄭者，茲分述如下：

(1) 鄭芝龍所遺留的海上霸業

鄭氏原為海上冒險世家，天啓年間以降，芝龍的海軍、商船稱雄東亞海面，富可敵國。如黃宗羲便提到：「海船不得鄭氏令旗，不能來往。每船例入三千，歲入千萬計，以此富敵國。」1628 年由 Amboina 經巴達維亞、臺灣而抵達日本的荷人 Jacques Lefevre 的報告也曾說：「賊一官（Yquan）有戎克船一千艘，屢襲陸上，逐居民至陸上二十英里，占領廈門海澄，破壞焚燒又殺人，是以人人皆懼之」；「興販琉球、朝鮮、眞臘、占城、三佛齊等國，兼掠販東粵潮、惠、廣、肇、福、浙、汀、閩、臺、紹等處」是彼時以鄭芝龍為首的海盜群最常做的行為。換言之，除了劫掠海上之外，鄭芝龍時代也已經與東南亞建立了頻繁的貿易關係了。1646 年鄭芝龍降清之後，鄭成功雖與之決裂，卻輾轉從各叔輩如鄭鴻達、鄭聯、鄭彩手中，將其父的勢力繼承下來，且成就更甚芝龍，例如在東南亞的貿易地點，已經超越其父時代的南中國沿岸區，而達到印度洋東岸的麻六甲地區。而其子孫鄭經、克塽亦相繼奉為圭臬，加強與東南亞的經貿關係。無怪乎 1683 年清軍犯臺之際，鄭氏

朝廷中乃有南遷呂宋避難之議。

(2) 清廷海禁遷界等經濟封鎖政策之刺激

清廷在多年勒撫鄭成功無效之後，先後在 1656 及 1661 年頒布「海禁令」與「遷界令」，本欲對縱橫海上的鄭氏給予嚴厲打擊，但似乎適得其反。因為海禁的直接意義是禁絕中國對外貿易，而間接意義則是拒絕外商來販，但以當時之世界秩序來看，西洋各國擬欲來商以及需要諸國貨品至為殷切，而清廷的自我封閉，無異提供明鄭絕佳甚至可稱之為獨占之海上營商機會，如郁永河所云：「凡中國諸貨，海外人皆仰資鄭氏，於是通洋之利，惟鄭氏獨操之。」再者，清廷在禁令執行上並非想像中的嚴厲，有厚賄守界官兵而得通行者：「時守界弁兵最有權威，賄之者，從其出入不問」；亦有鋌而走險從事走私者，貨源因之不虞匱乏。總之，海禁遷界之頒布實施，有助於明鄭從事海上貿易應無疑問。

(3) 世界新秩序的建立

自十五世紀末西方的大航海時代開啟以來，葡、西、荷等國相繼在十六、十七世紀前來東方，建立各式商業據點。但在西洋競相逐利之下，使得東洋各國蒙受莫大危害，因此紛紛起來從事激烈抵抗，如蘇門答臘島之回教王國亞齊便與葡人展開 90 餘年的爭戰；1630 年代以後，日本德川幕府頒布鎖國政策，外商僅清、荷兩國得於長崎一地貿易；至於清國在順治康熙年間採行的海禁遷界政策，也頗有抗拒外商之意味。因此，處在東亞航道中間站上的臺灣，上通日韓、西達中國大陸，南連東南亞，正是理想之地。明鄭眼見如此有利的世界情勢，遂趁機具函邀請各國商民前來，並給予種種優待：「一官（Yquan，即鄭經）函請外國人赴該處貿易，相約必予優待」，甚至宿敵荷蘭亦在邀請之列，其迎合世界新秩序之心態至為明顯。

此外，明鄭擁有質量相對較佳的航行船隻，以及東南亞地區眾多不願臣服於滿清的華僑之支持，亦是其發展東南亞貿易的有利條件。

(二)明鄭與東南亞貿易概況

1.經營制度

(1) 營運體系

明鄭對東南亞各國的營運，乃由公行與船舶交互配合而構成，即：

公行≒船舶≒東南亞僑商

亦即由公行負責蒐購國產以及由日輸入之轉口貨，交付船舶運抵東南亞，由東南亞僑商代為銷售，後再由船舶載運購自僑商蒐集而得之東南亞物產，或由歐轉進之貨物返回，委交公行處置。

(2) 航行路線

明鄭時期與東南亞之間往來的貿易路線十分複雜，直線航行僅為其中之一，其餘還有三角航線，即商船從中國甲地航往海外乙地，再從乙地航往丙地，由丙地回來。例如：臺廈→東南亞→日本→臺廈，或者臺廈→日本→東南亞→臺廈等。

(3) 管理制度

簡單來說，明鄭所採行的管理制度，是以國營為主、官營為輔。例如前面提到的公行，乃由明鄭本身出資，組織商行，委由商人掌管；貿易所用的船隻，若非鄭氏所有，即為其手下領袖所有。此外為了管理貿易，鄭成功早在1655年即在中央設立戶官，下設左右都事、都吏以為協助。這種國營制，固然可以有資金雄厚以及執政者可以充分掌握全國經濟的優點，但也存在不少缺失。如：由戶官一手執掌，如果遇上稍存私心之戶官，將資金移充個人名下，財政即刻發生困難，如1664年鄭經甫即位之初發生的鄭泰事件；其次，物價由官方制定，貨量由國王控制，缺乏伸縮性，當外商前來貿易時，往往難以成交；再者，因係國家經營，民間無法參與，所以因為貿易使得人民獲取利潤或提升人民生活品質之情形並不多見。

2.貿易內容

(1) 貿易船數量

據歷史學者楊彥杰估算，明鄭在入臺前，亦即1650-1662年間，每年對

東南亞貿易之商船約在 16-20 艘之間。入臺之後，對貿易的需求並不亞於在大陸時期，故推算船隻數目應不少於此。

(2) 貿易地點

就文獻所見，鄭氏王國船隻前往處所，為數甚多，如東京、廣南、占城（以上兩者屬越南）、柬埔寨、阿瑜陀耶、大泥（以上兩者屬泰國）、麻六甲、柔佛（以上馬來西亞）、萬丹、咬溜吧（以上印尼爪哇西部）、呂宋（菲律賓）等地。其中又以前往暹羅者最多，主要原因在於暹羅採取開放政策，明鄭與暹羅之間又有密切的關係，同時華僑在暹羅也受到相當的重視之故。再加上暹羅物產豐饒，如沉香、檳榔子、蘇木、象牙、硝石、鉛，以及稻米。其中尤其屬於火藥原料之硝石和米糧，更是積極抗清的明鄭之軍需品。至於咬溜吧和麻六甲則因是荷蘭的占領地，而荷人自 1662 年被迫撤出臺灣之後，無時不作聯清攻臺之想，因此伺機掠奪明鄭船貨並不罕見，遂降低了鄭氏的商船前往該地之意願。

(3) 貿易品

先就出口貨品而言，因銷售對象不同而有別。其銷售東南亞各國的，以中國大陸貨品絹絲、瓷器及金屬器為主，至於售予洋商，除了上述中國產物之外，尤其著重蔗糖和鹿皮。此外，還有不少由日本進口再轉而出口的銅、金。

再就輸入品而言，東南亞地處熱帶，植物生長季節長，物產豐饒、種類繁多，如貴重的木材、香料與胡椒、紅寶石與其他寶石、黃金、象牙、珊瑚、樹脂、松香、樟腦等。而且該地區與西歐之交易鼎盛，由西歐運來之洋貨如棉毛織物等充斥東南亞市場，因此明鄭也透過本身以及僑商、洋商的船隻運回東南亞土貨及洋貨。總之，明鄭由東南亞輸入之貨品，包括範圍相當廣泛，就產地而言，有東南亞之土產及由西歐東運之轉口貨，就用途言，除民生用品之外，以軍需品和作為轉輸日本、中國大陸之商業品為主。

三 日治時代的臺灣與東南亞貿易

　　清代對臺灣的統治雖長達兩百餘年（1684-1895），不過由於大陸政權的鎖國政策，臺灣的貿易對象轉趨單純，幾乎僅以中國為唯一的貿易對象，進行兩岸之間的分工貿易，直到 1860 年代開港之後，情況才稍有改變。以開港通商的三十餘年間海關統計來看，出口最大的茶銷到美國（烏龍茶）、東南亞（包種茶），糖銷到日本、華北，樟腦則行銷全世界。不過期間甚短，1895 年，臺灣政權再度易手，成為日本的第一個殖民地。

　　日治時代臺灣對東南亞各地的輸出貿易品幾乎以包種茶為主，其他間有煤、紙板、水泥、硫磺等物。至於輸入品方面，二十世紀初雖有相當數量的爪哇糖進口，隨後即因臺糖增產而告減少。此外，還有印尼及馬來半島的礦油、越南的米與煤、泰國的米與木材、菲律賓的菸葉與木材等輸入。這些貿易除了包種茶主要由臺商輸出外，其餘大都由日商經營。臺商包種茶輸出的東南亞國家，一直以印尼為主，其次的泰國與印尼則有一段不小的差距，特別是在 1919 年以前，輸出印尼的數量幾乎等同於輸出東南亞的數量。一言以蔽之，日治時代臺商的東南亞貿易，輸出包種茶至印尼可以說是最具代表性的部分。以下分述日治時代臺灣與東南亞貿易的情形。

(一)日治時代臺灣與東南亞的貿易發展概況

(1) 日治前期（1895-1930 年代）

　　日本治臺後，極力以關稅修訂等方式，將臺灣的貿易對象從傳統的兩岸貿易轉向日本。因此初期對東南亞的貿易並不重視，不過由於世界局勢的變化，臺灣與東南亞的貿易也曾一度頗為興盛。大致說來，日治前期臺灣與東南亞的貿易約歷經三個階段：

　　從日治初期到大正元年（1912）為止，臺灣對東南亞很少直接交易，大部分是透過香港中繼，因此詳細數據難以得知。簡單來說，臺灣對香港輸出入品中，石油大部分由印尼輸入，包種茶則是輸往新加坡、印尼。領臺之初，對南洋的間接貿易總額約二十萬圓，到大正元年有四、五十萬圓。此外，直接貿易的部分，輸出全無，輸入方面，由越南輸入米、印尼輸入石油，總數

約十萬至四十萬圓。

　　大正時期（1912-1926），伴隨著本島產業發達，包種茶的輸出激增，達到百萬餘圓，甚至凌駕砂糖、米、石油等重要輸入品的輸入價額。歐戰開始後，煤礦、洋紙、硫磺、火柴等商品向菲律賓輸出，與包種茶的輸出激增不相上下，臺灣與東南亞貿易頓時膨脹。如 1917 年即為前一年的兩倍，達到 440 萬圓；1918 年由於暹羅米、菸草、石油、砂糖的輸入激增，達到 880 萬圓；1919 年更突破千萬圓，為一次大戰前的四到六倍之多；1920 年包種茶的輸出增加、砂糖的輸入增加，貿易額達到 1,800 萬圓，是臺灣對南洋貿易史上的最高紀錄。不過其後由於受到景氣不振的影響，對東南亞的貿易不斷減少，迄 1923 年以後已降至 900 萬圓。

　　到了昭和以後，對東南亞的貿易較為旺盛的是臺灣的煤輸出馬尼拉等市場，以及從爪哇輸入石油、砂糖。其後米、包種茶的輸出入沒有太大變化，但是煤、洋紙的輸出銳減，而硫磺、火柴的輸出從 1921 年以後就停止。此外由於臺灣砂糖增產的結果，作為再製原料的爪哇糖輸入漸減，迄 1929 年，對南洋貿易不過千萬圓。

　　(2) 日治後期（1937-1945）

　　1937 年起，日本正式發動侵華戰爭，其長久以來的計畫，是將整個亞洲地區納為日本帝國統治之下，所以在 1932 年扶植滿洲國成立後，便納入中國東北，稱為「日滿集團」；1937 年以後，隨著其軍事行動的推展，中國各地亦逐漸被納入，形成「日滿中集團」；1940 年更發展為涵蓋東南亞在內的「大東亞共榮圈」。這個「大東亞共榮圈」之內，由於皆以日圓為計價單位，故又可稱之為「圓域集團」或「圓域貿易圈」。換言之，在日本統治的後期，臺灣與東南亞在政治關係上，由於同受到日本的控制而更形緊密。只是政治上的緊密關係，並未造就雙方更密切的貿易往來。日本領臺之後，臺灣的主要貿易對象，80% 以上都轉向了日本（稱為內國貿易），僅剩的貿易（外國貿易）中，則以傳統的「兩岸貿易」，亦即中國與臺灣間的貿易為主。就貿易比重來看，1938-44 年，臺灣對中國大陸貿易在對外國貿易所占比重平均高達 85%；尤其輸出更為明顯，除了日本以外，滿洲國、關東州及日本控制下的「中華民國」幾乎成了當時臺灣唯一輸出市場。這也意味著當時臺灣幾

乎等於隔絕了與其他國家的貿易往來。

　　之所以如此，最主要是因為東南亞與中國華南地區所出產的東西有不少相似之處，在大東亞戰爭之前，臺灣和華南分屬日、中兩國，待戰爭開始後，日本迅速的軍事行動，將華南地區納入勢力範圍，讓臺灣與華南之間的往來再度趨於密切，而東南亞畢竟在距離上不若華南來得近，戰爭期間又必須承擔運輸上的風險，因此貿易往來減少實屬必然。

(二)貿易營運體系

　　日本統治之後，日本商社雖然驅逐歐美洋行在臺灣的勢力，不過 1920 年代以前，對東南亞最重要的包種茶貿易依然掌握在臺灣本地商人手上。舖家（包種茶業者）在東南亞的各主要據點，如西貢、爪哇等地，都擁有分店，獨占該地區臺灣包種茶的進口貿易。他們所進口的茶葉賣給各地零售商，以供給消費者。不過在英國海峽殖民地（新加坡）的臺灣包種茶貿易，卻是由中國茶商所掌握。他們係自福州、廈門和汕頭進口，並把它當成中國茶來供給需求市場。至於這些臺灣包種茶之所以會出現在福州、廈門和汕頭等地，當然是臺灣本地茶商努力的結果。

　　到了 1927 年，日本三井物產株式會社開始著手臺茶對東南亞的出口貿易。1928 年，華南和東南亞展開抵制日貨運動，臺灣的商品也在抵制之列，從事茶貿易的華僑不再進口臺茶，轉而積極從事中國茶的銷售，以致臺茶在東南亞的消費量明顯下降。同時，日本商人也開始將臺茶運到此處販售，與臺灣商人在包種茶的貿易方面相競爭。

　　再者，臺煤的外銷大權也由日本商社所掌握，其中三井物產株式會社居於重要地位，負責將煤炭販賣給大阪商船會社、日本郵船會社，並擴大對香港、廣東、東南亞方面的輸出。1920 年所經手的煤炭為全年總產量的 72% 左右，此後雖有大倉、鈴木商店的競爭，但三井始終掌握全島 70% 以上的煤炭，勢力遠非三菱或其他小商社可比。1941 年在當局授意之下，成立「臺灣石炭株式會社」實行統制。12 個籌組委員中，除了臺陽公司的顏欽賢外，都是在臺的實業界日本人；1944 年改組為「臺灣石炭統制會社」，籌辦各礦山產煤及銷售事宜，不過正如前述，此時對東南亞的出口，大底已呈現停滯

狀態。

　　至於其他的重要出口商品如米、糖、樟腦和香蕉，則完全由日本商社獨占。但這些土產較少出口到東南亞，茲從略。

四　近年的概況

　　二次戰後，日本投降，中華民國政府隨即接收臺灣，成立行政長官公署，於其轄下設立「臺灣省貿易公司」（翌年改為「臺灣省貿易局」），成為控制臺灣對外貿易的機構。在貿易局主導下，臺灣的貿易對象又強行轉回中國大陸，從 1945-1948 年，中國大陸占臺灣進出口值的比例分別為 26%、94%、91%、86%。這也使得臺灣在戰後雖然擺脫日本的「圓域貿易圈」，卻因為與中國經濟圈結合而慘遭惡性通貨膨脹的波及。1949 年底政府遷臺後，由於世界局勢的轉變、民主共產陣營的對立，臺灣長期依靠美國的支持，使得貿易對象轉以美、日兩國為主。從 1950 到 1980 年之間，從東南亞進口的貿易額幾乎微不足道，而出口則維持在 10-20% 之間。到了 1980 年代，由於中國施行改革開放，不少臺商搶進中國，中、臺間的貿易又逐步增加，但隨著中國投資條件的惡化，90 年代起，政府開始呼籲「南進」，臺灣與東南亞的貿易稍有升溫。近二十年來，對東南亞的貿易占臺灣整體對外貿易的比例，大致都在四分之一至五分之一之間（表 3-1）。

表 3-1　近 20 年臺灣對東南亞貿易統計　　　　單位：美元

年分	對東南亞貿易金額	全球貿易總值	東南亞貿易所占 %
1989	17,851,839,505	118,567,787,222	15.06%
1990	20,804,914,814	121,929,180,127	17.06%
1991	26,656,557,856	139,037,626,044	19.17%
1992	31,409,648,634	153,471,129,436	20.47%
1993	35,845,746,152	162,150,753,782	22.11%
1994	41,893,248,921	178,383,464,497	23.48%
1995	52,016,017,260	215,203,771,718	24.17%
1996	53,445,125,310	218,307,063,978	24.48%

年分	對東南亞貿易金額	全球貿易總值	東南亞貿易所占 %
1997	58,416,248,733	236,499,793,289	24.70%
1998	49,432,408,790	215,241,158,169	22.97%
1999	54,824,813,440	232,272,734,338	23.60%
2000	69,634,968,352	288,321,181,753	24.15%
2001	59,624,060,693	234,279,376,023	25.45%
2002	64,833,245,043	248,550,493,475	26.08%
2003	64,939,492,299	278,602,202,715	23.31%
2004	75,137,320,123	351,114,338,847	21.40%
2005	79,375,339,798	381,034,544,003	20.83%
2006	87,496,553,847	426,707,794,911	20.51%
2007	91,378,021,401	465,921,799,289	19.61%
2008	88,992,575,492	496,069,221,607	17.94%
2009	73,567,274,223	378,038,242,624	19.46%
2010	100,758,135,532	525,829,376,825	19.16%

資料來源：據國際貿易局「中華民國進出口貿易統計」（http://cus93.trade.gov.tw/fsci/）
計算而得，下載時間：2011 年 5 月 2 日

問題思考

一、鄭氏家族透過何種營運模式，來進行臺灣與東南亞間的貿易？

二、就長時期來觀察，影響臺灣與東南亞貿易最主要的因素有哪些？

三、可否嘗試找出戰後臺灣與東南亞貿易中最重要的進出口商品有哪
些？

參考文獻

一、文獻史料

甘為霖英譯，李雄揮漢譯（2003）。荷據下的福爾摩莎。臺北：前衛。

江日昇（1960）。臺灣外記。臺灣文獻叢刊第 60 種。臺北：臺灣銀行經濟研究室。

江樹生譯（1992）。*1662 鄭成功與荷蘭人的締和條約*。臺北：漢聲出版社。

村上直次郎原譯，郭輝中譯（1970）。巴達維亞城日記第一、二冊。南投：臺灣省文獻委員會。

沈雲（1958）。臺灣鄭氏始末。臺灣文獻叢刊第 15 種。臺北：臺灣銀行經濟研究室。

阮旻錫（1958）。海上見聞錄。臺灣文獻叢刊第 24 種。臺北：臺灣銀行經濟研究室。

林東辰（1932）。臺灣貿易史。臺北：日本開國社臺灣支局。

程紹剛譯註（2000）。熱蘭遮城日誌，臺南市：臺南市政府。

楊英（1959）。從征實錄。臺灣文獻叢刊第 32 種。臺北：臺灣銀行經濟研究室。

臺灣總督府財務局（1936）。臺灣貿易四十年表。臺北：臺灣總督府財務局稅務課。

臺灣總督府官房調查課（1935）。臺灣と南支南洋。臺北：臺灣總督府官房調查課。

二、近人著作

李季樺譯（1997），後藤乾一著。臺灣與東南亞（1930-1945），收錄在黃富三等主編，臺灣
史研究一百年：回顧與研究。臺北：中央研究院臺灣史研究所籌備處。頁 69-83。

杜正勝（2003）。臺灣的誕生 —— 十七世紀的福爾摩沙。臺北：時藝多媒體。

林滿紅（1997）。茶、糖、樟腦與臺灣之社會經濟變遷。臺北：聯經。

林滿紅（1994）。四百年來的兩岸分合 —— 一個經貿史的回顧。臺北：自立晚報。

林滿紅（1999）。印尼華商、臺商與日本政府之間：臺茶東南亞貿易網絡的拓展（1895-1919），
收錄在湯熙勇主編，中國海洋發展史論文集（第七集）。臺北：中央研究院中山人文社
會研究所。頁 585-636。

林滿紅（1999）。日本政府與臺灣籍民的東南亞投資（1895-1945），中央研究院近代史研究
所集刊，32 期。臺北：中央研究院近代史研究所。頁 1-56。

曹永和（1995）。臺灣早期歷史研究。臺北：聯經。

許世融（2005）。關稅與兩岸貿易。臺北：國立臺灣師範大學歷史學系博士論文。

鄭瑞明（1996）。臺灣明鄭與東南亞之貿易關係初探，收錄於國立臺灣師範大學中等教育輔
導委員會編，認識臺灣歷史論文集。臺北：國立臺灣師範大學中等教育輔導委員會。
頁 13-81。

蔡相輝、王文裕、許育銘、許世融等（2006）。臺灣史重要文獻導讀。臺北：空大。

劉益昌（1992）。臺灣的考古遺址。臺北：臺北縣立文化中心。

臺灣省文獻委員會（1995）。臺灣近代史——經濟篇。南投：臺灣省文獻委員會。

韓振華（2002）。航海交通貿易研究。香港：香港大學亞洲研究中心，2002。

三、網站資料

經濟部國際貿易局「中華民國進出口貿易統計」（http://cus93.trade.gov.tw/fsci/）。

第 **4** 章

東南亞新移民之原鄉文化

薛雅惠

前言

　　東南亞各國在近二十年來，產生快速的社會經濟變遷，而最能具體表現的象徵符號為城市，因為城市的擴張，產生新的城市生活型態，實現嶄新的文化差異（吳幸玲、林潤華譯，2005：6）。雖然東南亞各國長期以國家力量形塑文化特徵——溫和、順從與年輕女性的靈活手藝（Jamilah, 1994），但是事實上，東南亞各國不僅在城市地區，許多鄉村地區的在地文化（local culture），也因經濟社會變遷而產生新的文化價值觀。

　　隨著國際觀光業的興起，多元文化成為重要的觀光資源，多元文化的價值因而日益受到重視（Chang, 1997）。近年來，臺灣外籍配偶新移民的來源地也以東南亞越南、印尼、泰國、寮國等國家為主，因此為了對東南亞地區多元文化的瞭解與體認，以協助新移民融入臺灣社會，東南亞新移民之原鄉文化是一個值得探討的議題。

　　隨著臺灣社會的變遷，東南亞外籍配偶的人數越來越多，也就是來自東南亞的新移民人數日益增加，尤其以來自泰國、越南、印尼的人數最多，因此本文有關東南亞新移民的原鄉文化，主要聚焦在泰國、越南及印尼的原鄉文化。

學習目標

一、瞭解臺灣新移民來源地的地理環境
(一) 泰國地理環境的獨特性
(二) 越南地理環境的獨特性
(三) 印尼地理環境的獨特性

二、分析臺灣新移民來源地的人地互動
(一) 農業文化的形塑過程
(二) 飲食文化的形塑過程
(三) 宗教文化的形塑過程
(四) 手工藝品文化的形塑過程

三、探討臺灣新移民來源地的文化意涵
(一) 農業文化的獨特性
(二) 飲食文化的獨特性
(三) 宗教文化的獨特性
(四) 手工藝品文化的獨特性

一 新移民來源地地理環境的獨特性

泰國、越南、印尼等國家是臺灣外籍配偶新移民的主要來源地，這些國家共同的地理環境特徵是位於赤道附近，氣候濕熱，有明顯的雨季。

(一) 泰國地理環境的獨特性

泰國面積 51.4 萬平方公里，與法國國土差不多，人口約 6,300 多萬。泰國西北與緬甸為鄰，東北隔著湄公河接寮國，東與東埔寨相鄰，南接馬來西亞，東西邊界的最長距離為 780 公里，最狹窄處只有 10.6 公里，由北到南最長的距離為 1,648 公里。泰國境內大部分為低緩的山地和高原，地勢北高南低。昭披耶河（湄南河）發源於北部山地，縱貫南北，流經泰國中部地方，全長 1,200 公里，南流經曼谷注入暹羅灣。湄公河是泰國、寮國兩國的天然國界。泰國沿海主要島嶼有普吉島、蘇梅島、攀牙島。

在東南亞的許多國家中，泰國很特別的地方是──唯一沒有被殖民的國家，泰國的正式國名是泰王國，泰語為 Prathes Thai，即自由之國之意。泰國人將泰國形狀比作為馬來半島上的象頭，而馬來西亞為象鼻。泰國位於東南亞的中心位置，沿著暹羅灣與安達曼海，綿延的海岸線外散布著許多小島。

泰國行政區可分為北部地區、中部地區、東北部地區、東南部地區、西部地區和南部地區。

1. 北部：山區叢林，北部的氣候冬季涼爽，故而民性溫雅，語言柔和，主要的都市有清萊、清邁、湄宏順。
2. 東北部：高地與林地，仍然保持不少原始森林，自古以來為許多佛教

　　高僧的孕育地。

3. 中部：湄南河沖積平原，平原土地肥沃，盛產稻米和水果，是主要的稻米產區。是泰國的心臟地帶，也是人口最密集的地區，主要的都市是曼谷、芭達雅。

4. 南部：狹長的丘陵區，除有迷人海灘景色外，更蘊藏天然資源如錫礦、橡膠園和漁產，有名的旅遊景點是普吉島與攀牙島。

　　泰國屬熱帶性氣候，高溫高濕，全年三季分明。3 月至 5 月為夏季，6 月至 9 月是陽光充沛的雨季，10 月到翌年 2 月是涼季。全年氣溫高，年平均溫度約為攝氏 28 度，例如曼谷全年的氣溫，4 月平均溫度約為攝氏 20 度，12 月平均溫度約為攝氏 25 度。明顯的季節變化影響泰國作物的收成與旅遊發展，每年 10 月至翌年 5 月是泰國的乾季，氣候涼爽舒適，是外國遊客到此渡假的旺季。

(二)越南地理環境的獨特性

　　越南國土面積約為臺灣面積之 9 倍，其中山地占總面積四分之三，可分為三個自然地理區：北部紅河三角洲、中部高原及南部湄公河三角洲。越南國土狹長，南北寬，中間狹窄，形如 S，北接中國大陸，西鄰寮國，西南臨柬埔寨，海岸線長達 3,444 公里。越南北部有紅河流貫，南部有湄公河流貫。雖然越南的面積只比美國新墨西哥州大一點，但是人口數卻是新墨西哥州的 50 倍，在總人口數 8,600 萬的居民中，有 1,720 萬人居住在紅河與湄公河三角洲，也就是有 20% 的人居住在土地肥沃的三角洲地區。越南主要的產業活動為農業與漁業，因此約有四分之三的人口居住在鄉村地區，從事這些傳統產業，也因此與當地環境產生互動，孕育出越南獨特的農業與漁業文化（Sullivan, 2010: 26）。

　　越南 S 形的國土中，北部所環抱的海灣稱為東京灣，南部所臨的海灣稱為泰國灣。東京灣靠近河內附近的陸地又稱為「下龍灣」，水域面積約 1,550 平方公里，灣中約有 1,600 個石灰岩石林景觀的獨特島嶼，其中約有 980 個島嶼已獲命名。這些大大小小的島嶼星羅棋布在海灣中，相對於中國廣西省的陸上石林，因此又稱「海上桂林」（圖 4-1）。下龍灣的由來，「Ha」是下

降的意思，「Long」是龍，傳說是從前受到外敵侵略，幸好有巨龍從天而降，噴出寶珠在海上成為奇岩怪石，以防衛外海，替越南解除了外患的危機。下龍灣獨特的海上景觀，曾是「007」、「印度支那」等知名電影的拍片場景，1994 年下龍灣海域被聯合國教育科學及文化組織（UNESCO）列入世界文化遺產地（Sullivan, 2010: 28, 96）。

　　下龍灣的島嶼都覆蓋著濃密的植被，有一些甚至產生溶蝕作用形成巨大洞穴，洞穴內有無數的鐘乳石和石筍。也有一些島嶼附近有流動的漁村，漁民在這些水域區辛勤的工作，捕捉各種魚類與軟體動物（圖 4-2）。下龍灣中許多島嶼的名稱是依島嶼的形狀來命名，例如：人頭石、狗頭石、鬥雞石、蟾蜍石、婆島、馬鞍山、香爐石、蝴蝶石、獅子石、桃子石、筆尖石；而被溶蝕的石灰岩洞穴也各有名稱，例如：天宮洞、木椿洞、三宮洞、雄洞、蒲赭洞、鼓洞、藏木洞。

▲ 圖 4-1　下龍灣的美景

▲ 圖 4-2　下龍灣流動的漁村

(三)印尼地理環境的獨特性

　　印尼是世界上最大的群島國家，俗稱「千島之國」，主要可分為四個群島——大巽他群島、小巽他群島、馬魯古群島和巴布亞群島；又位於赤道附近，因此也稱「赤道上的翡翠」，是東南亞地區陸地面積最大的國家。印尼位於亞洲的東南部，北臨馬來西亞、新加坡、菲律賓；南臨澳洲；東臨巴布

亞紐幾內亞；西臨斯里蘭卡、印度。印尼境內有許多河流，而且長度在 40
公里以上的河流有 100 多條；因為造山運動頻繁，活火山約有 100 多座，為
世界上火山最多的國家，因此印尼地理環境的獨特性為島嶼遍布、河流綿長，
多火山奇景。

　　印尼位於赤道兩側，屬於熱帶雨林氣候，高溫、多雨是氣候的主要特徵，
每年 10 月到隔年 3 月有太平洋海洋氣流帶來的濕氣，是印尼的雨季；而 4
月到 10 月受澳大利亞大陸性氣流影響，氣候較為乾燥，是印尼的乾季。

㊁ 東南亞新移民原鄉之農業文化

(一) 泰國農業文化

1.世界三大糧倉之一

　　泰國國土面積約臺灣 14 倍，一半以上都是森林，平原區土壤肥沃，農
業發達，以生產稻米與熱帶水果聞名，有「東南亞穀倉」之稱。中部湄南河
三角洲和東部珂叻盆地，土地十分肥沃，自然災害少，作物年可三熟。因為
農產品豐富，因此被譽為「世界三大糧倉之一」，全國 70% 以上耕地種植稻
米。農產品除大米外，還有玉米、甘蔗、棉花、麻類、花生等，還盛產水果
和蔬菜。泰國熱帶水果種類繁多，有名的熱帶水果有榴槤、芒果、山竹、木
菠蘿、香蕉、番石榴、菠蘿、紅毛丹、柑桔，北部山區還有荔枝、龍眼和葡
萄等。

2.水上市集

　　距離曼谷 80 公里的丹能莎朵水上市集（Damnoen Saduak Floating Mar-
ket）是泰國最早推廣為觀光景點的水上市集，也是世界知名的水上市集，另
外，華欣（Hua Hin）安帕瓦水上市集也是泰國非常有名的水上市場。

(二)越南農業文化

1. 水上木偶戲

　　越南具有千年歷史的水上木偶戲表演源自於紅河三角洲的水稻文化。水上木偶戲源於紅河三角洲，是因為當地遍布湖泊、池塘、水田，在農閒或河水氾濫時，農民們便在水中搭棚，揮動木偶作為娛樂，木偶戲的故事都與農村生活有關，例如小男孩跟隨著青蛙在池塘中游泳或牧牛童騎在水牛背上吹著笛子。越南最受人歡迎的木偶戲劇情是 Uncle Teu 的故事，描寫穿著背心、繫著腰帶的詼諧丑角，雖然是說話尖銳的莊稼漢，但是卻象徵越南不屈不撓的精神。在距離河內 30 公里附近的 Sai Son 村莊，一處池塘中央，以石灰岩為基底的塔亭（Thay Pagoda），每逢節慶仍有水上木偶戲的表演（Sullivan, 2010: 82-83, 91）。

　　越南水上木偶戲在李朝（1009-1225 年）時，已能做出精湛、生動的表演，並成為帝王的御前節目。水上木偶戲在十八世紀時達到高峰，但到十九世紀中後期，法國入侵越南時，水上木偶戲曾一度衰落。到 1945 年以後，水上木偶戲在北越漸見復興，現在較為著名的表演機構，有河內的升龍水上木偶劇院及胡志明市的金龍水上木偶劇院。

　　水上木偶戲一般會在節日或喜慶時候表演。演出前，通常先在水池（以隱藏水中的操作機關）築起一座水亭，上面掛有裝飾物品，亭的屋檐上垂下竹簾，操縱木偶的演員們，就站在竹簾後面的水裡，利用竹竿與細線操縱木偶，使其做出跳躍、划船、翻滾等動作。除操縱木偶的演員外，水上木偶戲還有樂隊參與演出，使用的樂器包括大鼓、嗩吶、銅鑼、笛、簫、揚琴、胡琴等。表演用的水木偶，以無花果樹木為造材，彩繪各色顏料，色彩鮮艷，最高約 40 公分，有時須 3 人以上同時操作（Wikipedia, the free encyclopedia）。

2. 水上市集

　　芹苴的蓋巒水上市集（Cai Rang Floating Market）是越南湄公河三角洲最著名的水上市集，每天清晨來自各地滿載商品的船販，紛紛聚集到此，販

售各式各樣的商品，例如大小家具，甚至於各種野味，例如蛇、龜、田雞；芹苴附近還有豐田水上市集（Phong Dien Floating Market），此地農民以種植水果爲主，因此豐田水上市集販售的商品也是水果，以橘、橙、柚子、龍眼爲主（吳靜雯，2007：60）。

3.河內 36 條老街

河內是越南首府，城內有 70 幾個大大小小的湖泊，因此是一個湖泊城，其中以還劍湖最爲有名。還劍湖的湖岸附近是河內的古城區，湖岸北邊就是 36 條老街區，每條老街乎都是一條專業街，聚集販賣各有特色的農業用具或日常生活用品。

(三)印尼農業文化

印尼的農業屬於傳統集約自給自足的類型，因爲多火山丘陵區，平原面積少且狹小，所以多開闢梯田。農業耕作方式以獸力、人力爲主，較缺乏機械化，雖然單位勞動力產量很低，但是單位面積生產力很高，多自給自足的糧食作物，很少經濟作物。隨著全球化、工業化和都市化的過程，印尼的傳統農業也漸趨商業化、專業化。

印尼主要生產的糧食作物是水稻，僅次於中國與印度。印尼水稻種植主要集中在人口稠密、灌溉條件較好的爪哇島、蘇門答臘島和南蘇拉威西。因位於熱帶，所以大片梯田中點綴著椰子樹與涼亭作爲乘涼區，在此乘涼區中還有寺廟，因此乘涼區如梯田中的小島，整體組合形成非常獨特的梯田景觀。印尼農民對於稻米的種植非常謹慎，稻米的種植過程如同舉行宗教儀式，每一個稻米種植的環節都有不同的儀式加持。

三 東南亞新移民原鄉之飲食文化

(一) 泰式料理

1.酸辣料理

泰國飲食文化受到中國、印度等的影響，泰式咖哩來自印度，麵食、生炒類來自中國，甜點類來自葡萄牙。特色料理如青木瓜沙拉、綠咖哩檸檬雞、泰式海鮮酸辣湯、泰式炒河粉、蔬果雕花、泰式炒飯、月亮蝦餅（圖 4-3 至 4-5）。

泰式料理特別強調湯菜，在泰人餐桌上，一道出色的湯是不能缺少的，其中又以酸辣出眾的「酸辣蝦湯」（Tom Yum Kung）最為有名。在色、香、味的三個料理元素中，泰人特別重視色彩元素，也就是料理的精緻裝飾，因此料理的蔬果雕刻裝飾已成為專門的技藝。

2.泰式王府餐

由於泰國南北超過一千公里，因此泰式料理的風味也有南北的差異，其中泰北特有的堪托克餐（Kantoke）成為有名的娛樂餐宴，堪托克餐源於泰北的蘭納王朝，當時王室或富有人家，貴客到訪時，會提供美食與舞蹈表演，「堪」（Kan）是碗的意思、「托克」是一種矮的圓台，意指堪托克的上菜方式，也就是在圓台上放置一些小碗，碗內盛著豬肉、綠咖哩、炸雞等佳餚，堪托克餐在臺灣旅遊業界又稱「王府餐」（陳玉治，2005：26-27）。

▲ 圖 4-3　綠咖哩檸檬雞　▲ 圖 4-4　月亮蝦餅　▲ 圖 4-5　泰式蔬果雕刻

(二)越南料理

　　越南籍配偶在維繫族群認同時，食物與語言扮演重要的角色，同為越南籍配偶最鮮明的「文化邊界標誌」（林開忠，2006：73-74），因此越南料理是越南文化很重要的一部分。越南飲食文化受到中國以及法國的影響，所以菜式基本上可分為中式越南菜或法式越南菜。中式越南菜烹調特點在於清爽、原味，只放少許香料、魚露、香花菜和青檸檬等不可少的配料，中式越南菜偏酸辣，但又不如湘菜辛辣。法式越南菜最大的特色是儘量保持原汁原味，因此菜桌上常見的青菜幾乎都是生吃的。

1.清爽料理

　　越南料理口味以清爽為主軸，主要的煮法有涼拌、蒸煮、炭烤，如果是油膩的作法，會加上大量的生菜與檸檬汁。越南因國土狹長造成區域分隔，飲食文化有很明顯的區域差異。越南南部的料理多添加香料、咖哩，偏酸、甜口味；越南北部因鄰近中國，飲食文化較受到中國的影響，稀飯以及煎或炭烤魚、肉很受歡迎；越南中部是古王朝的區域，受到王宮貴族的影響，料理較為精緻，尤其順化是宮廷料理中樞（culinary hub）。在越南的諸多美食中，有一些料理是到訪越南必定嚐鮮的美食，例如河粉（Pho）、春捲（Spring Roll）、糯米糕（Banh Chung）、蛋捲（Banh Xeo）。

　　以胡荽、薄荷等香草牛肉高湯熬煮的越南河粉，是越南最有名、且引以為傲的料理，河內是越南河粉的故鄉。春捲是指米紙包碎肉、豆芽菜、香菇、蛋黃的料理，越南的春捲分為生春捲與炸春捲，顧名思義其差別是米紙的油炸與否。糯米糕是指香蕉葉包著糯米、煉乳、豬肉煮整晚的甜點。蛋捲是指包著豬肉、蝦、香菇、蔬菜的易碎薄煎餅，在胡志明市與順化最常見（Sullivan, 2010: 25）。

　　要品嚐越南的美食小吃，可到街上有著「Com」招牌的小吃店，Com 是米飯的意思，一般供應各種炒蔬菜、烤魚、烤肉；如果要品嚐越南傳統宮廷料理，可到順化香江河岸龍船宮廷宴餐廳。越南富國島以生產胡椒粉及魚露聞名，富國島魚露（Phu Quoc Nuoc Mam）之所以比其他地區好，是因為此地盛產釀製魚露的小鯷魚，捕獲後直接將新鮮小鯷魚送到工廠，放入木桶製

造魚露，魚露發酵一年僅一次，需要一年的時間，因此包裝上標示有 40°C 的初搾魚露相當珍貴（吳靜雯，2007：157）。

2.越南菜的靈魂佐料——魚露

越南菜最重要的配料是魚露，魚露又稱為味露，是南洋料理中極為重要的調味佐料，它的形成主要是用海魚加上鹽巴使其發酵而後蒸餾所得，魚露本身聞起來的腥味很重，但淺嚐後卻又覺得清爽可口。魚露在南洋料理中用途十分廣泛，可用於沙拉、海鮮，或是一般料理的烹煮調味。魚露的主要成分為鯷魚汁、鹽、糖、水，常用來作為海鮮的沾醬，由於風味鮮甜而不死鹹，因此中國南方及東南亞地區會將魚露當成醬油來使用，它的重要性等同於醬油在中式料理中的地位，是南洋料理主要的鹹味來源。與醬油最大的差異是，魚露不僅具有鹹味，還有甘甜的鮮味。

（三）印尼料理

1.靈魂佐料——香料

印尼料理非常多樣化，部分是由於島嶼多分散，部分是受到到外國文化的影響，例如蘇門答臘菜餚往往有中東和印度的風味，以咖哩肉和蔬菜為主；而爪哇美食則代表當地原住民的美食。自古以來，印尼由於其地理位置和自然資源的優勢條件，對於貿易相當投入，因此和外國往來頻繁，西班牙和葡萄牙商人帶來了新的世界。印尼的摩鹿加群島（馬魯古群島）是著名的「香料群島」，盛產丁香和肉荳蔻，是印尼美食的靈魂佐料。印尼的美食料理例如沙爹、巴東牛肉、椰汁蝦、薑黃飯等。印尼美食的基本調味香料，最常使用的有香茅、沙蘭葉、郁金根、小豆蔻、丁香、肉桂、辣椒等，咖哩和椰子也是不可或缺的料理食材。

2.椰奶的普及性

印尼因為盛產椰子，椰奶的取材容易，因此印尼料理的配料除了常用香料，椰奶也是常用的佐料，相較於東南亞其他國家，印尼料理是最偏好椰奶的國家。印尼的椰奶種類可分為兩種——厚椰奶與薄椰奶，兩者的差別在於

水與椰油混合成分的比例。厚椰奶常用於製作甜點，薄椰奶則多用於菜餚與湯汁。

四 東南亞新移民原鄉之宗教文化

(一)泰國宗教文化

傳統上，泰國的僧侶在市區或鄉間建造寺廟、修道院是爲了遠離都市生活中令人分心的事物。泰國寺廟是信仰與聚會的場所，也是僧侶的住所，有時舉辦節慶活動，寺廟也成爲零售小攤聚集、販售各式各樣物品的地方。泰國著名的寺廟有玉佛寺、臥佛寺、曉寺、蘭那寺。

泰國盛行的宗教爲佛教，其寺廟建築特色受到周邊鄰國緬甸、柬埔寨的影響，寺廟基本的建築要素有：大雄寶殿（Ubosot）、僧院／佛堂（Wiharn）、佛塔（Chedi）、佛像（Buddha Image）、鐘塔、藏經閣、聚會廳、涼亭、火化處。許多到泰國的遊客會驚訝於爲何有如此多的年輕男子出家？泰國佛教的獨特傳統是規定年輕男子出家，以體驗勤僕、知足、規律的生活（圖4-6）。一般而言，年輕男子出家的時間短暫，可能是三個月，時間通常是開始於7月雨季時，此時期剛好是完成學業與找工作間的過渡時期。但是也有許多人只出家一個或二個星期，視出家爲宗教徵兵（religious conscription），其目的爲精進佛學與減少業障（karma）（Macdonald & Parkes, 2009: 25）。

▲ 圖4-6 泰國出家的年輕男子

　　臥佛寺（Wat Po）與曉寺（Arun Po）是泰國與華人淵源深厚的兩大名寺。臥佛寺是十六世紀華人所建立的寺廟，所以廟中還有許多中式文官與石獅的雕像。拉瑪一世營建皇城時，將此廟規劃為皇家寺院，泰國王朝許多貴族死後，也用佛塔供葬骨灰於寺內，故全區布滿數十座佛塔，形成氣勢恢弘的塔林。正殿臥佛全長 46 公尺，高 15 公分，全身貼滿金箔，腳掌用珠寶鑲嵌出佛陀 108 種吉祥象徵，手藝精湛，巧奪天工。

　　曉寺與臥佛寺隔河相望，曉寺是戴克辛吞武里王朝的標誌性建築，吞武里王朝的創建人戴克辛是華人，名鄭信，華人尊稱為「鄭王」，因此曉寺又稱「鄭王廟」，其彩瓷鑲嵌的晶亮佛塔高聳入雲，成為昭披耶河最壯觀的景觀（楊春龍，2008：78-80）。

　　在泰國大皇宮或卻克里王朝（Chakri）時期所建的寺廟，都會看到羅摩衍那（Ramayana）印度梵文史詩的故事。羅摩衍那的故事是敘述惡魔羅波圖悉貪戀主角拉瑪（Rama）（天神在人間正義的化身）妻子的美色，趁拉瑪與弟弟外出打獵時，將拉瑪妻子奪走，而拉瑪因獲得猴神的幫助，最後終於制服惡魔。因此卻克里建立卻克里王朝時，以羅摩衍那故事主角拉瑪為頭銜，自此國王皆以拉瑪為王號，也就是泰國人稱泰國國王為拉瑪一世、拉瑪二世的由來（陳昱安，2010：75）。

　　納迦（Naga）是泰國寺廟的精緻雕塑，身形和龍相似，泰北出現的納迦據說是源自柬埔寨，納迦護衛的階梯代表彩虹天橋，象徵從人間通往天堂，階梯的盡頭還有兩尊守護夜叉，代表天堂的守衛。

　　在泰國蘭那王朝時期的佛像，前期與後期不同，前期的特色是佛像呈雙盤式結跏趺坐在蓮花座上，右手作觸地印，僧衣覆蓋左肩，佛光呈蓮花苞狀；後期的特色是呈單盤式結跏趺坐在平整佛座上，佛光呈火焰狀。泰北的素可泰歷史公園於 1991 年被聯合國教科文組織列為世界文化遺產地，歷史公園中的許多佛塔都可看到蘭那王朝時期宗教建築的特色，例如以蓮花花苞為佛塔的尖頂飾，主佛塔群佛像趺坐的方式（圖 4-7、4-8）。

▲ 圖 4-7　蓮花花苞的佛塔尖頂飾

▲ 圖 4-8　素可泰歷史公園的主佛塔群

(二)越南宗教文化

要瞭解越南的宗教文化，必先走訪古城會安。會安古城爲越南古代占婆王國（Champa）的文化中心，公元五世紀時，會安因爲地理位置優越，臨秋盆河河港，而成爲東南亞地區重要的貿易港口；十五世紀時，更吸引許多西方人東來，可謂當時的國際貿易港。會安至今仍保有美山的占婆塔寺群，也就是古代占婆王國所建的廟群，1999 年被聯合國教科文組織列爲世界文化遺產地（吳靜雯，2007：175）。

(三)印尼宗教文化

十八世紀印尼的香料、荳蔻吸引許多歐洲人東來，歐洲各國以印尼爲戰場，幾經戰爭，荷蘭人獲勝，印尼成爲荷蘭人的殖民地。不論人口或面積，印尼共和國都是東南亞最大的國家，由 1 萬 3,000 多個大小不等的島嶼所組成，東西長達 5,500 餘公里，面積約 190 萬平方公里，約爲臺灣的 50 多倍，人口約 2 億 4,000 萬人。由於水域的阻隔，印尼各島嶼人民的生活型態、文化與風俗不盡相同（許鐘榮，1989：22-47），因此呈現多樣化的宗教文化特色。

印尼有 80% 的人民信奉伊斯蘭教，是世界上穆斯林人口最多的國家，一般商場、辦公大樓，都有專門供回教徒祈禱的地方，因此在印尼要入境隨

俗，遵守伊斯蘭的禮節。印尼雖然以回教爲主要宗教，但是境內也有代表佛教文化的世界文化遺產地，例如般若浮屠佛教寺廟對於今日印尼人而言，仍和古代一樣，是一個祈福和淨化心靈的地方。一般而言，到般若浮屠的朝拜者大都由底層逐次往上，朝拜佛像，以求祛災賜福。印尼的般若浮屠、柬埔寨的吳哥窟與緬甸的蒲干佛塔群並列爲東南亞三大佛教古蹟。般若浮屠建築結構象徵的意義是：神龕象徵須彌山，爲神佛居所，泛指大宇宙；而迴廊稱爲曼陀羅，是通往淨土之路；佛舍利塔則爲超越輪迴，無慾無爭之淨土界（許鐘榮，1989：48-59）。

印尼峇里島（Bali Island）的兩百多座火山中有四分之一是活火山（包含峇里島上的兩座），印尼峇里島與爪哇島中間的峇里海峽只有三公里寬。對峇里島的居民而言，生命和智慧的泉源是山而非海洋或遙遠的地平線，山岳產生湖泊與河流，爲這塊土地帶來生機，巍峨的阿功山（Gunung Agung）是神靈的居住地。峇里島東西向的火山把島分成兩半，北部地區是狹窄的海岸線，南部地區是人口聚居地與稻米的主要生產區，峇里島上的美學與文化傳統也都來自南部（王慧螢譯，2001：15）。

印尼群島是全世界最大的回教國家，而峇里島是唯一受到印度教影響的島嶼，印度教流傳到峇里島之後與當地原有信仰融合，聖水成爲各儀式中不可或缺的一部分，因此峇里島的印度教又稱聖水教（王慧螢譯，2001：77）。峇里島傳統建築受到印度教的影響，宗教建築結構分爲神的領域、人的領域及惡魔的領域。廟宇的建築也呈現三元世界，廟宇的屋頂代表神的居所，廟宇的中間爲人們參拜的部分代表人類的居所，廟宇的地基部分代表惡魔居住的地下世界。家屋建築受到爪哇島設計的影響，呈現複合式家屋的建築結構，複合式家屋是由幾個不同功能的遊廊所組成，複合式家屋被視爲有機組織，就如人體分爲頭、軀幹與下半身，因此房屋結構的頭，也是最神聖的部分在東北方，是家祠所在地（王慧螢譯，2001：105-106）。

鬥雞與神鳥是峇里島宗教文化的圖騰。鬥雞原本是峇里島節慶前舉行的活動，後來宗教意義逐漸式微，反而成爲賭博性休閒娛樂，雖然這種活動有增添節慶氣氛的傳統地位，但是現在爲嚴禁的賭博活動。神鳥是印尼的國鳥，在印尼境內各機場大廳或政府機關門楣，常可看到各式各樣的神鳥雕像，

尤以金碧輝煌的造型最受喜愛（王瑤琴，1998：11-12）。

五 東南亞新移民原鄉之手工藝品文化

(一)泰國手工藝品文化

泰國的手工藝品非常有名，尤其是清邁被譽為「手工藝品村」（handicraft village），在東南亞只有峇里島能與之匹敵（Macdonald & Parkes, 2009: 227）。泰國有名的手工藝品有木雕、皮雕、泰絲、泰銀、珍珠魚皮包、曼谷包。曼谷包最大的特色就是大而醒目的蝴蝶結裝飾，可愛的蝴蝶結裝飾結合泰絲緞面的優雅質感，其之得名是因最早僅見於泰國曼谷，所以稱曼谷包（圖4-9）；又因早期風靡於空姐間因此又稱空姐包。泰國珍珠魚皮包取材於魟魚，利用魟魚背上的圖紋，並以類似珍珠、凸起的點點圓形顆粒作為底部襯托，非常具有獨特性（圖4-10）。

泰國北部有許多少數民族，例如傣族、嘎良族、長頸族、擺夷族、阿卡族、苗族、傜族。其中，嘎良族、長頸族來自緬甸；擺夷族、阿卡族、苗族、傜族來自中國西南部。這些少數民族所聚居的民族村，手工藝品亦非常有特色，吸引許多觀光客前來（圖4-11）。

▲ 圖4-9　曼谷包　　　　▲ 圖4-10　珍珠魚皮包　　　　▲ 圖4-11　長頸族手工藝品村

(二)越南手工藝品文化

越南是位於中南半島東南部的狹長型國家，長久以來受到中國文化的影響，在法國殖民時期又受到法國文化的影響，因此越南文化除了有本身地方

性的獨特性，也融合中國東方文化與法國西方文化的特色。能代表越南地方性文化的手工藝品為順化的彩繪斗笠、大勒公雞村的桌巾、蜆港五行山石雕村的大理石石雕、會安陶藝村與河內陶藝村的陶瓷藝品，以及沙巴少數民族村的編織品、銀飾和富國島的珍珠項鍊。尤其是富國島素有「南海珍珠島」之稱，面積相當於新加坡，附近海域水質清淨，為越南最有名的珍珠產地。

(三)印尼手工藝品文化

印尼的手工藝品文化以烏布（Ubud）為中心，當地有許多知名的藝術家、畫家，手工藝品以木雕、石雕聞名。尤其是峇里島的木雕，以馬斯風格為代表，此類作品是在黑檀木或柚木上，雕刻出加長的人體軀幹，以扭曲誇張的線條與不可思議的主題為特色，此處的木雕原本只是用來作為寺廟、皇宮的飾品和日常生活器皿，後來為因應大批觀光客的喜好，從大型神祇雕像、面具，逐漸轉向小人物和飛禽走獸等主題；而石雕則以巴布土蘭為中心，村子內各戶房門的出入口狹窄，精雕細琢的尖形門楣都是石雕的作品，這些令人激賞的石雕作品，取材來自於島上隨處可見的鬆軟易碎的火山岩，此處傳統的石雕多半充滿令人生畏的奇妙意象（王瑤琴，1998：30-31）。

印尼峇里島的織品藝術亦相當有特色，織品工法可分為單線依卡布（Single Ikat）與雙線依布卡（Double Ikat）。單線依卡布的織法是將綿長的緯線來回穿梭在同一顏色的細密經線之間；雙線依卡布的織法是將複雜色彩的經緯線編織在一起，所以又稱「火焰之布」（游麗莉，2001：35）。

六 結論

臺灣外籍配偶大都來自東南地區，尤其泰國、越南、印尼是臺灣新移民的原鄉，若能親自探訪這些地區，相信會對這些地區產生更深厚的情感，更瞭解這些地區的文化，更有助於臺灣人與外籍配偶相處與對談，進而欣賞彼此的文化特色，促進文化交流，而達到族群的融合，塑造和諧的臺灣社會。

泰國、越南、印尼的宗教文化都有相同的共同點——重視和諧關係，因此東南亞新移民到臺灣之後，也重視家庭的和諧關係，她們心中期盼臺灣人

的接納與包容，而臺灣人可從日常生活中的各個層面，例如欣賞其原鄉的手工藝品，品嚐其原鄉的料理，來表達對新移民的接納與包容。這也說明了為什麼泰式冰奶茶會在臺灣成為一種流行時尚的原因，因為藉由泰式冰奶茶傳達了臺灣人對新移民文化的情感。

問題思考

一、為何臺灣的外籍配偶大多來自泰國、越南、印尼？

二、東南亞地區各國除了各有其文化的獨特性，是否也具有文化的共同性？

三、東南亞地區傳統文化正逐漸消失的原因？

參考文獻

一、中文部分

王瑤琴（1998）。印尼‧峇里島。臺北：大地地理。

王慧瑩譯（2001）。*Insight Guide‧Bali*。臺北：協和國際多媒體。

吳幸玲、林潤華譯（2005）。Bunnell, T., Kong L., & Law L. 原著。東南亞之社會與文化地理學。地理學報，40：1-16。

吳靜雯（2007）。越南：胡志明市‧河內。臺北：太雅生活館。

林開忠（2006）。跨界越南女性族群邊界的維持：食物角色的探究。東南亞學刊，3(1)：63-82。

許鐘榮（1989）。無所不容的群島——印尼。大地地理，14：22-47。

許鐘榮（1989）。人間天界——般若浮屠的沉思。大地地理，14：48-59。

陳昱安（2010）。曼谷清邁攻略完全致霸。臺北：墨刻。

陳玉治（2005）。清邁‧泰國北部。臺北：太雅。

湯平山、許利平（2005）。赤道上的翡翠——印尼。香港：城市大學出版社。

游麗莉（2001）。峇里島。臺北：太雅生活館。

楊春龍（2008）。曼谷泰國。臺北：采莊。

二、英文部分

Macdonald, P. & Parkes, C. (2009). *Thailand*. Washington, D. C.: National Geographic Society Press.

Jamilah, A. (1994). *From Kampung to Urban Factories: Findings from the HAWA Study*. Kuala Lumpur: University of Malaya Press.

Chang, T. (1997). From 'Instant Asia' to 'Multi-Faceted Jewel': urban imaging strategies and tourism development in Singapore. *Urban Geography,* 18(6): 542-562.

Sullivan, J. (2010). *National Geographic Traveler:Vietnam*. Washington, D. C.: National Geographic Society Press.

Wikipedia, the free encyclopedia. http://en.wikipedia.org/wiki/Indonesian_cuisine

第**5**章

東南亞籍女性配偶與文化認同[1]

張雪君

[1] 本文的完成感謝臺中教育大學區域與社會發展研究所陳彥呈與沈佩怡兩位同學協助部分田野資料的蒐集。

前言

　　根據內政部移民署與戶政司 2010 年的統計資料顯示，至當年三月底，臺閩地區外籍配偶有 432,859 人。依性別分，男性配偶有 29,194 人，女性配偶有 403,665 人。依國籍分，大陸配偶（含港澳地區）最多，合計 288,398 人；越南籍配偶次之，計有 82,934 人；印尼籍配偶則占第三位，有 26,133 人。外籍配偶以女性占大多數的比例，國籍上又以大陸與越南居多，二者合計超過八成。[2] 本文探討範圍主要以來自東南亞籍女性配偶為主，她們母國的族群、文化與宗教不僅多元，且東南亞各國的經濟發展型態殊異，因此相較於大陸籍女性配偶，她們在臺的生活上可能會面臨較多的文化適應與認同問題。

　　今日交通發達，讓透過跨國婚姻來臺的外籍配偶可以往返於原生社會與接待社會間，與家鄉親人的聯繫較以往來得方便。即使如此，文化之於人，就像水之於魚。一旦離開自己所熟悉的生活環境，如同旅美作家陳之藩所形容像失根蘭花一般的無所適從。當面臨排山倒海而來的不同生活經驗與方式，移民感受文化差異之際，必須重新建構其文化認同，採用不同的適應策略，才能夠在新環境生存。

　　就移民個人來說，Tastsoglou（2006：204）指出女性移民在兼具機會與限制的情境中，面臨歸屬感的認同協商時，在認知層面上，她們採取有利於自己在現實生活中得以生存的文化特質；在情感層面上，對自己的故鄉仍有一分懷舊之情。就接待社會而言，除了重視移民適應與調適的層面；另一方面，則是移民在接待社會的整合融入過程。在臺灣，尤其是迎娶外籍配偶的家庭擔心她們會逃離（沈倖如、王宏仁，2003）。這些女性新移民來臺的管道包括雙方自由戀愛、親友介紹、經貿往來以及婚姻仲介，其中以婚姻仲介來臺者最不受家中其他成員的尊重（王明輝，2004；張雪君、劉由貴，2010）。

---

[2] 資料取自內政部出入國及移民署全球資訊網（http://www.immigration.gov.tw/aspcode/9903/外籍配偶人數與大陸（含港澳）配偶人數 .xls），統計資料年為 1987.01-2010.03。

外籍配偶的文化認同是跨空間的不斷解構與建構，同時也是在地的（吳沛嶸譯，2009）。她們是其文化與歷史的承載者，來自的原生社會文化背景與臺灣社會文化差異越小者，越容易適應臺灣生活。同時，臺灣社會對她們持有正面的看法，減低與她們的社會距離，她們才能夠完成自我肯認。但重要的是該團體成員能夠集結起來，以創造自我肯定之文化方式，重新尋找集體認同與社會參與的地位。她們在新的地點重構自身的歷史，文化上也不再是同質（張珍立譯，2009；鄭義愷譯，2009）。換言之，這樣的族裔地景[3]是她們展現文化認同的社交脈絡。

> **學習目標**
>
> 研讀本章內容之後，學習者應能達成下列目標：
> 一、瞭解文化認同的定義與類型
> 二、瞭解影響東南亞籍女性配偶文化認同發展的因素
> 三、瞭解東南亞籍女性配偶來臺之後生活上面臨的文化適應問題
> 四、瞭解東南亞籍女性配偶文化認同的建構與展現

本文茲就文化認同的定義與類型、影響東南亞籍女性配偶文化認同發展的因素，以及新移民文化認同的展現等方面，加以說明。

---

[3] 鄭義愷譯（2009：46-49）：為瞭解新的全球文化經濟之間複雜、裂散與不可預測之關係，印度人類學者 Arjun Appadurai 提出五種想像地景：族裔地景（ethnoscapes）、科技地景（technoscapes）、財經地景（financescapes）、媒體地景（mediascapes），以及意識型態地景（ideoscpaes）。其中族裔地景的出現，主要是由旅客、移民、難民、流亡分子、外地勞工等流動人口所組成的生活環境。

一「文化認同」的定義

　　「認同」是指個人經由模仿與內化父母、同儕團體或其他社會團體的行為、態度與價值之後，使自己與他人的價值與態度趨於一致，進而在心理上所產生的一種主觀的歸屬感（張春興，1989）。「文化認同」則是指「個人接受某一特定族群文化的態度與行為，並且不斷將該文化之價值體系與行為規範內化至心靈的過程」（譚光鼎、湯仁燕，1993：460）。然而，文化認同的發展過程不僅涉及族群文化特質，還透過人們與自己內心對話以及與他者公開對話協商而成。換言之，文化認同牽涉到個人的主觀詮釋，在本質上是選擇性與策略性的（陳奕麟，1999：118-119）。

　　除了定義「文化認同」之外，也應該瞭解此種認同為何會被引發出來。這方面，後殖民研究學者關心文化上的流離失所的經驗，其中 Stuart Hall（1990: 222-226）基於其成長於牙買加，後來移居英國的經驗，說明文化認同第一層次的意義是反映共同的歷史經驗和共享的文化，提供解釋經驗的參考架構。此認同的本質就是加勒比海黑人的離散經驗，必須經由電影的再現來表現此種認同，是一種在後殖民社會中重新發現認同的掙扎。文化認同第二層次的意義在於成為（becoming）以及存在（being），不僅從過去歷史中來瞭解黑人的經驗，還要注意宰制的權力如何再現此經驗讓黑人變成他者，「他者的意象」會影響黑人對自己的文化認同情形。

　　認同協商過程亦發生在社會中的權力關係，植基於歷史的脈絡，例如殖民、全球化、種族局勢緊張等。每個社會或群體有其獨特的社會與政治歷史，有其文化認同發展的進程（Hong et al., 2007: 338-340）。由此可見，文化認同本質就是連結（connection），經由權力宰制與意義的網絡，將人們綁在社群之中。

二「文化認同」的類型

　　移民到一個新的社會環境之後，不同的文化特質對個人生活所造成的衝擊，其影響範圍從食衣住行、語言、宗教儀式到待人處世的方式，稱為「文

化震撼」（cultural shock）（傅仰止，2001）。當個人感受到文化差異之際，內心會嘗試維持原有的認同，或內化新的經驗、重新塑造其文化認同，伴隨而來的是個人困惑、矛盾與衝突的感受。因爲每個自我都有維持自身統整性的傾向，協調過去與現在經驗的一致性，避免內心衝突的產生，Spindler 與 Spindler（1994）稱爲「連續自我」（enduring self），是代表所屬群體的文化認同。然而，雙文化的經驗讓移民爲適應當前生活現實而形成的自我感，是面對與處理當前社會背景與生活挑戰的自我層面，會採取不同的適應策略稱爲「情境自我」（situated self），是代表適應當前社會要求的能力與態度。

　　Hong 等人（2007: 329-334）指出在適應新的文化背景時，個人會使用不同的認同協商策略及文化適應策略，包括整合兩種文化（integration）、在兩種文化之間游移（alternation）、產生一種全新的文化認同（synergy）。當兩種文化的差距越大，就會使文化旅客接受第二種文化的難度越高。另外，Navas 等人（2005：23）具體指出依照移民對維持自身文化與採取移民國家文化的情形分爲四種文化認同類型：整合型（integration）、同化型（assimi-lation）、分離型（separation）與邊緣型（marginalization）。整合型者也就是雙文化認同取向，既能維持本身文化習俗，也願意追求接待社會有價值的文化。同化型者則是放棄自己的文化，完全接受接待社會的文化。不同於同化型者，分離型者對自己的文化有強烈的向心力，排斥接待社會的文化；邊緣型者則是對兩種文化皆無法認同。Estern 等人（2008: 215）進一步說明移民初期會理想化原生文化，然而當他們回到家鄉時，會以較批判的觀點來檢視自己的文化。換言之，新移民已經內化新觀點與習慣，會重新看待自己的文化，加以比較和作選擇。

　　事實上，移民必須學習說兩種語言、安居於兩種文化認同之中，並在他們之間翻譯和協商，不斷轉化語言、文化、規範以及社會連結關係，預期呈現越來越多跨文化融合或混雜化現象（王志弘等譯，2006：387；陳宗盈、連詠心譯，2006：55）。例如，教養小孩方面，Reese（2002）指出移民至美國的墨西哥家庭，面臨美國社會注重孩子的獨立、要有自己的想法，與墨西哥社會所強調的服從長輩截然不同的文化價值，這些父母會嘗試調解此差異，讓小孩在其監督下獲得有限的自由，如鼓勵小孩參與教會活動、安全的

課外活動（像樂隊、足球、游泳），並陪同他們一起參與。休閒活動方面，蔡明惠等（2009）對澎湖縣七美鄉的東南亞籍配偶的休閒生活調查，發現這些女性新移民透過與同鄉移民聚會（如打牌、吃家鄉菜）來維持與原生社會文化的聯繫，也會上市場逛街、參與社區志工活動，以融入臺灣生活環境。

三 影響東南亞籍女性配偶文化認同發展的因素

文化認同在本質上是牽涉到個人主觀詮釋的協商過程，受到個人身分背景與生活經驗、歷史因素（如殖民經驗、戰爭、共同的苦難經歷等），以及社會互動中的權力關係等因素互相交織的影響發展而成（邱琡雯，2005；賴佳楓譯，2008；Estern et al., 2008: 202-203; Hong et al., 2007: 329-330）。

(一)個人身分背景與生活經驗

大多數社會成員的身分與其階級、種族與性別息息相關，身分象徵個人的社會位置，也代表個人享有的社會資源多寡（潘淑滿，2008：144）。本文就東南亞籍配偶的教育程度、來臺的管道、華僑或非華僑背景等方面，加以分析說明。

來臺的外籍新娘教育程度，以越南籍為例，大部分是在初中以下；臺灣新郎的教育程度則集中在初中與高中職，從事工人、司機、自營商與農民等職業。大部分嫁來的越南新娘有四分之三是越南人，華裔新娘人數較少（王宏仁，2001；許雅惠，2004）。紀玉臨等（2009）發現 2001 年至 2003 年東南亞籍新娘主要集中在苗栗、南投與雲嘉南農村地區，因為農村地區的男性在社經條件的弱勢與可婚配性別比例失衡，促使這些男性必須跨海迎娶外籍新娘。另外，王明輝（2006）指出跨國婚姻者的收入普遍不高，「老夫少妻」的情況十分普遍。

跨國婚姻的管道包括雙方自由戀愛、親友介紹、經貿往來以及婚姻仲介，臺灣男性與大陸籍或東南亞籍新娘聯姻，多以婚姻仲介或親友介紹為主。其中的婚姻仲介為一種利益交換式的婚姻，外籍配偶在家中最沒地位，得不到作為家庭一分子應得的尊重（王明輝，2004；張雪君、劉由貴，2010）。

　　蕭昭娟（2000）的研究發現外籍配偶的調適程度較高者，其娘家家境也較爲優渥，她們在處理與夫家成員關係上也較佳。另外，當她們面臨各種生活適應考驗之際，家庭中的成員給予較多的支持與協助。筆者於 2010 年訪談來自印尼的華僑林女士，她談到剛來到臺灣時不太熟悉，只能帶著兒子待在家中的房間裡，是先生協助她適應臺灣的生活。她說：「因爲我先生（臺商）駐印尼六年，比較知道印尼怎樣子。平常上班，每個禮拜天，自己家庭的生活，每個禮拜先生會帶著我們出去。我剛來時九二一大地震，我先生會騎摩托車帶我們出去看。如果我老公沒帶我出來，待在家裡很痛苦。我們不是說像中間介紹過來的，我先生不知道她們的習慣、風俗是怎麼樣。我先生是待在那邊六年，他是知道的。回到這邊，他配合我，我配合他，才不會想要回去，因爲剛來會想要回去。」這似乎也呼應了王明輝（2006）針對澎湖地區大陸籍配偶的研究發現：經由外配本身與丈夫認識者，婚姻的親密程度較高，女性配偶表現高度的感激之情。

　　文化認同的形塑亦是透過不同文化間的比較與對話，移民面臨文化差異越大，越難接受新的文化，反之亦然。柯瓊芳與張翰璧（2007）指出臺灣與越南的文化相似性甚於臺灣與印尼，因爲越南曾是中國的邦屬國，受儒家文化的影響。越南受到漢文化的影響，許多節慶都與華人地區一樣，例如農曆春節、端午節、中元節與中秋節（洪德青，2009）。另外張鈺珮（2003）研究嫁到花蓮的越南籍配偶，發現她們對宗教信仰很虔誠，會到廟宇燒香祭拜。

　　東南亞國家受到西洋文化、伊斯蘭文化以及中國文化的影響，其中越南在 1945 年以前使用漢字，之後才用羅馬拼音，圖 5-1 的天后宮是福建華僑興建的。越南是東南亞唯一受儒家文化影響的國家，以河內的文廟爲象徵，廟內供奉孔子與其弟子顏回、子思，以及孟子與曾子。越南湄公河平原美托的生意人都在家中地上拜土地公，被視爲財神；圖 5-2 右邊那尊是中國土地公的形象，左邊那尊土地公則有印度文化的影子，因爲受到鄰近柬埔寨傳來的印度文化影響。

▲ 圖5-1　會安古城內的天后宮（張雪君攝，8/31/
2010）

▲ 圖5-2　美托餐廳內供奉
的土地公（張雪君
攝，9/2/2010）

▲ 圖5-3　會安城內的福建會館（張雪君攝，8/31/2010）

　　邱琡雯（2005：277）指出華人血統的東南亞新娘對原生社會的「國家」認同很低，她們認同的依戀僅止於父母和家人，可能的原因是由於排華運動以及殖民政策所致。來臺之後，她們希望被同樣是華人文化的臺灣社會接受。許雅惠（2004：186）的研究發現亦指出「越南籍華人家庭出身的配偶在回

答有關婚姻生活與文化適應問題上，她們表達了比較多的文化認同，把來臺灣之後影響婚姻生活適應與幸福的因素歸結到自己的先生身上。」

　　早期東南亞各國的華僑主要來自中國福建與廣東兩省，因中國政治動亂以及原鄉謀生不易，移居至東南亞胼手胝足，逐漸累積財富，例如越南中部會安古城街道上的會館（圖 5-3）不僅是華人移民的鄉親組織，也是商業網絡基礎（顧長永，2007）。

　　然而，對於華僑的經濟表現，東南亞各國政府竟對其加以限制甚至打壓，[4]譬如 1970 年馬來西亞政府開始執行「新經濟政策」大力扶植馬來人經濟，限制非馬來人的經濟發展，華人經營的碾米廠、零售業等亦大受影響（許茂春，2008）。菲律賓於 1946 年獨立後，在「菲人第一」的口號下，排華法案層出不窮。政府採取限制和打壓華僑經濟，藉以促進菲人經濟發展的措施（張詠涵，2009）。類似的排華運動出現在 1967 年的緬甸仰光，數百名暴徒衝進華人居住地區，搶劫商店，放火焚燒公共建築物，約百名華人遭受傷害（范宏偉，2006）。

　　越南、寮國與柬埔寨皆曾被法國統治，屬於法屬印度支那的一部分。戰後獨立發展，1954 年越南一分為二，南越政府於 1957 年禁止外僑經營 11種行業，故大多數華僑紛紛加入越南國籍。越共於 1975 年攻占南越，整個南方自由市場經濟轉向計畫經濟，華人遭受很大的苦難。大量華人公司被查封或搜查，大批華人被逮捕。寮國政府受越南影響，亦對華僑採取歧視與排斥政策，沒收其資產、關閉其商店和工廠，致使大批華僑離開寮國，至 1985年約有九萬名華僑離開。柬埔寨於 1954 年獨立之後，頒布許多對外僑在經濟領域活動的限令，如禁止從事的行業、匯款回祖籍國的額度等。1975 至1979 年柬埔寨共產黨統治時期，有兩百多萬人被殺、死於疾病或飢餓，其中華僑有 25 萬至 30 萬人。隨著長期的歸化過程，大多數華人已經融入當地社會，對祖籍國的聯繫和感情逐漸減少和淡薄（許茂春，2008）。

　　因此，有關東南亞華人認同的研究，謝劍（2006）認為應將東南亞華人

---

[4] 除了經濟方面，東南亞國家的排華政策尚包括參政權、受教權等權利的打壓，限於本文篇幅限制，請參閱李恩涵（2003）的討論。

的文化認同和政治認同分開討論；華人面臨國籍的選擇，被要求本地化。林開忠與李美賢（2006）進一步說明 1950 年代後，東南亞地區受到去殖民的衝擊，才產生國家認同、社群認同、文化認同、族群認同以及階級認同。東南亞華人維持多元認同，在不同情境下呈現多元認同狀況，稱爲「情境化的族群性」。以新加坡華人爲例，在東南亞之外，認同新加坡人；在東南亞之內，則認同新加坡華人。

(二) 殖民歷史因素

除了泰國之外，整個東南亞自十六、十七世紀起漸漸淪爲西洋列強的殖民地：西班牙統治菲律賓，荷蘭統治印尼，法國統治越南、柬埔寨、寮國，英國則統治緬甸、馬來西亞、新加坡、汶萊。戰後，東南亞各國獨立建國，產生強烈的民族或國家意識（謝劍，2006）。伴隨主權的爭取，這些國家同時展現去殖民化的努力。法農（Frantz Fanon）指出「殖民者的主要武器是將他們心目中的被殖民者形象強加於被征服者身上，後者爲了爭取自由，首先必須徹底清除這些被貶抑的自我形象。」（引自 Taylor, 1997: 37）

外國人到東南亞觀光的重點景點，是當地人民認爲能代表該國的標誌。例如越南河內水上木偶戲描述紅河平原上京族（越族）的艱辛生活，該戲呈現當地農民插秧、耕田以及紅河氾濫的衝擊（圖 5-4）。此外，越南受到越戰的影響甚鉅，除了文化遺址受到破壞，胡志明市的「戰爭戰跡博物館」館外陳列美軍於越戰期間所使用的裝備，包括戰車、飛機、機槍、砲彈等；館內則陳列越戰時美軍使用化學武器所造成傷害的照片，訴說戰爭的殘酷與百姓的無奈（如圖 5-5 所示）。

▲ 圖 5-4　河內水上木偶戲院的表演（張雪　　▲ 圖 5-5　戰爭戰跡博物館室外展示的坦克
　　　　　君攝，8/30/2010）　　　　　　　　　　　　　車（張雪君攝，9/3/2010）

　　然而，至今東南亞國家或多或少仍留下過去殖民國家的影響。例如，
菲律賓（The Philippines）一名的由來是為了紀念西班牙的菲律普二世國王
（King Philip II）；越南有「東方小巴黎」之稱，越南人食用蘆筍、扁豆及
馬鈴薯三種蔬菜，是由法國人引進的。越南是米倉，主食是由在來米製成的
米食，像河粉、米線、春捲是道地的越南小吃，但在日常生活中仍會發現人
民喜歡吃法國麵包，應是法國人所留下來的習慣（Kittler & Sucher, 1998）
（如圖 5-6 所示）。

▲ 圖 5-6　河內古街路邊販賣的法國麵包（張雪君攝，8/30/2010）

殖民歷史決定了今日馬來西亞權力結構的形成,馬來人在政治和行政權力上能夠成為多數,植基於英國殖民政策(李美賢、楊昊譯,2009;Ganesan,2005)。Ganesan(2005:138)進一步指出如此多數與少數的區分,成為馬來文化認同的本質。英國在殖民統治馬來西亞期間為維持傳統農業經濟政策,以族裔背景來區分經濟功能。境內以伊斯蘭教為宗教信仰的馬來人被分化為兩大社會經濟階層,封建貴族被吸納為中、下層公務員,另一為農民階層。另外英國殖民政府召募印度人從事橡膠的種植工作,華人則開採錫礦,日後華人發展成為城市中的商人。由此可見,西方殖民主義者為開發殖民地引進大量勞力,改變當地的族群結構。

(三)持續性社會互動

社會學者 Park 指出二十世紀初前往美國的移民遭遇到接待社會的排斥,會對該社會產生邊緣化與疏離的認同(引自 Hong et al., 2007: 331)。對弱勢者而言,來自強勢者的肯定常是自我肯定的重要來源。換言之,當弱勢者被文化經濟上相對強勢者所肯認時,他才能完成自我肯認(邱琡雯,2005:265)。陳淑敏與林振春(2009)的研究指出以女性、家管、社區居住 20 年以上,此類臺灣民眾對於與外籍配偶來往有較正面的看法。

邱琡雯(2005:274-285)說明讀書或工作影響東南亞新娘對臺灣的認同,她們可藉由這兩種方式與學習而來的能力開展在臺生活,由此建構對臺灣的認識與想像。她對 68 位東南亞新娘的研究中,發現多數都有被歧視的經驗,並非每位東南亞新娘都認為對抗手段是必要而急迫的,暫時接受被歧視的待遇,當作一種可能的生存策略。這就是她們在不平等結構底下,以退為進、迂迴的生存策略。筆者對高雄市鼓山地區新移民家庭的調查也有類似的發現,如以下資料所示。

> 許太太年約四十歲,她說每天二、三點起床,至早餐店幫忙賣早餐,忙到中午。許先生為遠洋漁業的船員,拜訪當天許先生跑船離家已有一個月,家中有一位就讀國小以及一位就讀國一的兒子。許家所住鄰近港務局的大樓公寓沒有電梯,有點老舊,婆婆表示年

老腿痛爬樓梯不方便。許太太為越南籍的廣東華僑，她表示父親離開廣東來到越南，種植咖啡、胡椒等一年一穫的作物，越南的家離機場約有兩小時的車程。許太太主要是看電視學中文，念了短暫的國小補校，認為國字很難學、記不起來。書讀得不多，所以無法教自己的小孩。她表示因為講話有點腔調，所以在早餐店工作時，客人一進來會說：「你是越南的嗎？你怎麼過來的？會這樣一直問⋯⋯講話的態度讓我不舒服⋯⋯你們越南嫁過來為了錢⋯⋯不是每個人都是這樣子，你看錯人了，不是每個人都跟你講的一樣。就一些客人，比較老一輩的啦，因為他有看到的鄰居有跑掉的⋯⋯講話的態度讓我非常不爽、非常不舒服。算了啊！我們家庭這麼單純，就過我們的生活。我們又沒有跟你拿，又沒有跟你借，我就這樣想，管他去講，講講就算了。」（12/27/2009，田野札記）

從社會接觸觀點來看，加強民眾跨族群的接觸機會，有助減低社會距離。伊慶春與章英華（2006）調查 1,217 位 20 歲以上臺灣民眾對娶四類外籍新娘——大陸人、東南亞華僑、越南人、其他東南亞籍——的態度，其中以對東南亞華僑的意願明顯高於其他三者，可能是由於與臺灣社會文化之相似性以及社會經濟發展程度相當。女性對於和外籍通婚者有較大的社會距離，中老年世代、閩南和客家背景以及國初中以下教育程度者，都較不願意兒子娶外籍媳婦。家族親友中有外籍配偶者，由於有實際接觸經驗，表達較願意接納她們的態度。

另外，當臺灣男性與外籍配偶家庭有較多社會接觸時，將產生迎娶外籍新娘的示範作用。紀玉臨等（2009）從對外籍新娘在臺的空間分析中，發現娶中國大陸籍與東南亞籍新娘有正向的地區鄰近效應。換言之，當臺灣男性觀察或與迎娶外籍新娘的家庭互動增加時，更加瞭解外籍新娘的特性，會減低對她們的社會距離，增進與她們結婚的意願。

事實上，前述塑造新移民文化認同的因素是彼此相互交織，影響新移民對原生社會與接待社會採取不同的親疏距離。邱琡雯（2005：260-278）指出女性新移民對原生社會和接待社會的依戀親近或厭惡情形，乃隨個人社會

屬性（年齡、居留時間、讀書、工作、族群）、結構逼迫力（特別指歧視的結構），以及個人的認知與回應歧視的方式等方面而變化。她們的文化認同上並非單方的同化於接待社會，或是固守原生文化，將兩個社會的文化當成一種生存手段，透過對雙方文化持續不斷的解構與重構來定義自我。臺灣社會對她們的吸引力包括繁榮進步與賺錢機會多，特別出現在具華人血統的外籍新娘強調臺灣社會和原生社會的華人文化接近，希望被接受與認同；但臺灣社會上對她們的歧視和污名化令她們對接待社會遠離。她們與原生社會的連結基礎在於回饋娘家以及日後的回鄉養老，然而家鄉的貧窮以及排華，尤其對有華人血統的移民來說，會對原生社會產生距離感。

　　由此可知，新移民文化認同的建立在於經常比較原生文化與接待社會的文化。邱琡雯（2001：101）指出這種居間性的認同能夠實踐，在於女性移民必須具備工作、教育等能力，才得以遊走原生社會與接待社會不同的文化之間。綜合上述，東南亞籍配偶文化認同發展所經歷的過程，大致包括強勢文化下的自我認同壓抑、汙名化認同的掙扎、接待社會與原生社會的比較，以及尋找文化認同的情境。繼之，本文將介紹她們展現文化認同的社交脈絡。

（四）東南亞籍女性配偶文化認同的展現

　　移民重視與家鄉的聯繫，在接待社會中尋找母文化認同的社交脈絡與情境，來確認自身文化認同。Clifford（1997：261-262）以非裔離散群體為例說明該群體主要透過音樂如雷鬼、嘻哈和饒舌展現其文化認同；在臺新移民主要透過飲食與宗教文化節慶活動展現對家鄉文化的認同（王志弘，2008；翟振孝，2007）。

　　隨著東南亞裔新移民人數的增加，在特定傳統節日於臺灣大都會舉辦各式慶祝活動如菲律賓聖十字架節、伊斯蘭開齋節與泰國潑水節，藉由參與嘉年華會似的節慶活動來維繫彼此的人際關係，展現其對母國的文化歸屬與情感連結，也協助其對新移居環境的適應（翟振孝，2007）。人們亦藉由文化活動的參與，來界定我群和他群的邊界（Estern et al., 2008: 207）。本文以臺中市菲律賓籍移民的天主教信仰，來說明宗教活動是他們在臺灣社會中藉

以形成該群體社群意識的文化標誌。

　　臺中市教會 2010 年的聖誕夜活動由臺中主教公署於 12 月 24 日晚上於新市政廣場協助統一辦理，參加民眾以臺灣人爲主，只有一些零星的東南亞籍人士參與，活動內容包括拉丁舞蹈表演、聖誕話劇，以及祈福禮等（如圖 5-7、5-8 所示）。

▲ 圖 5-7　在新市政廣場參加晚會的民眾　　　▲ 圖 5-8　臺中區教會主教致詞
　　　　　　（沈佩怡攝）　　　　　　　　　　　　　　　　（沈佩怡攝）

　　至於菲律賓籍移民參與的 2010 年復興路天主教堂的聖誕節活動（Christmas Party）則在 12 月 26 日舉辦，主要是因爲場地問題。參與者幾乎爲菲律賓人，包括菲律賓籍移工與配偶（如圖 5-9、5-10 所示）。他們穿著樸素，彼此以菲律賓語交談。當日活動內容包括禮拜（worship）、彌撒、聚餐、唱歌表演、交換禮物，從上午 11 點開始至下午約 3 點結束。參加彌撒的人數很多，由修女帶著大家念福音、唱歌歌頌，接著神父以英文講道、分享酒杯中的食物，最後唱平安夜曲。

▲ 圖 5-9　菲律賓籍神父講道（陳彥呈攝）　▲ 圖 5-10　菲律賓歌唱表演（陳彥呈攝）

　　外籍配偶除了在家扮演家務勞動者、照顧者與生育者的角色，如何協助她們融入臺灣社會生活，接受本地文化並兼顧自我的文化，是學者們關懷的議題（吳明儒，2009；柯瓊芳等，2007）。這方面陳淑敏與林振春（2009）調查 848 位 20 歲以上的臺灣民眾參與以外籍配偶為主體的社區活動情形，受試對象分別選自臺北縣、桃園縣、臺中縣、彰化縣、高雄縣與屏東縣，結果發現社區民眾參與節慶、料理分享等活動偏低。針對此發現，本文就臺中潭子國小於假日辦理的「終身學習及多元文化博覽會」活動為例加以補充說明，作為日後跨文化活動辦理的參考。

　　此活動內容除了包括樂齡舞蹈表演、銀髮族健康檢查、臺中各鄉鎮的特色手工藝及美食活動外，東南亞文化活動則有泰國迎賓舞、新住民東南亞服裝秀、東南亞美食 DIY、新住民多元文物展，以及多元文化親子學習活動。泰國迎賓舞的編舞者是一位來臺 10 年的泰國曼谷小姐，舞者穿著配帶披肩、珠寶飾品、手指配長指甲，展現華麗與傳統的泰國文化。舞蹈透過手、足、肢體，並以緩慢的律動展現泰國舞蹈的特點。泰國、越南、印尼與柬埔寨的傳統服裝走秀，可發現位處於熱帶地區的東南亞服裝，多使用薄紗等透氣、通風的材質。泰國、印尼、柬埔寨都有配帶披肩，但三國的配帶方法皆不同，展現特殊的美感。在泰國參加重要場合需搭配披肩，年長者披肩以白色為主[5]，年輕人的披肩彩色且多花樣。

---

[5] 白色表示穩重與成熟。

臺灣民眾對東南亞美食 DIY 活動的參與最為踴躍，食物一端出，很快就被吃完了，甚至還有民眾吃過還想吃，重複排隊；提供的食物包括泰國酸辣湯、泰國魚餅、印尼炸水餃與越南春捲。新住民文物展主要展覽越南與印尼傳統手工藝日常用品、樂器與裝飾品，如越南貝殼杯墊、越南枕頭、越南手工刺繡吊鐘花、越南竹製樂器、印尼木雕與印尼椰子雕。外籍配偶當關主的闖關活動，遊戲內容多為認識臺灣與東南亞為主（如圖 5-11、5-12 所示）。

▲ 圖 5-11　排隊品嚐越南春捲的臺灣民眾（陳彥呈攝，11/6/2010）　　▲ 圖 5-12　越南竹製樂器的展覽（陳彥呈攝，11/6/2010）

五　結語

透過跨國婚姻來臺的東南亞籍女性配偶離開自己所熟悉的家鄉生活，感受到語言、飲食、氣候、價值觀等方面的文化差異經驗，他們必須重新建構其文化認同，採用不同的適應策略，包括整合兩種不同的文化、在兩種文化之間游移、放棄自己的文化、排斥接待社會的文化、對兩種文化皆無法認同，以及產生另一種全新的文化認同。其中對兩種文化加以整合是較為成功的適應策略，可用來說明為何出現越來越多文化混雜的現象。移民文化認同

的建立在於經常比較其原生社會與接待社會文化，但必須具備教育、工作等能力，才能夠安居於兩種文化認同之間。

　　東南亞籍女性配偶文化認同的協商過程植基於歷史脈絡與社會中的權力關係，是跨時空，同時也是在地的。臺灣民眾家族親友中有迎娶外籍配偶者，由於有實際接觸經驗，較願意接納她們。她們文化認同的發展過程，亦牽涉到個人的主觀詮釋，受到個人背景與生活經驗的影響，故在本質上是選擇性與策略性的。她們會採取有利於自己在現實生活中得以生存的文化特質，縱使碰到不合理的對待、汙名化甚至歧視，也會暫時接受，作為一種以退為進的迂迴策略。這些跨國移民運用其對家鄉的記憶，在臺灣社會尋找母文化認同的情境，文中呈現她們藉由飲食與宗教節慶活動來展現對該群體的歸屬感，得以延續原生文化與融入臺灣社會。

問題思考

一、東南亞籍女性配偶有哪些特質？她們與臺灣男性所組成的跨國婚姻家庭和一般臺灣家庭有哪些相似或相異之處？

二、外籍配偶隨著來臺時間變長，生活範圍逐漸從家庭擴大到社會，同時她們需要哪些服務以參與臺灣社會生活？

三、社區可以辦理哪些類型的活動提供外籍配偶家庭與本地民眾一起參與，促進彼此的認識與交流？

參考文獻

一、中文部分

王宏仁（2001）。社會階層化下的婚姻移民與國內勞動市場：以越南新娘為例。臺灣社會研究季刊，第 41 期，99-127。

王志弘（2008）。族裔－文化經濟、謀生策略與認同協商：臺北都會區東南亞風味餐飲店個案研究。國立政治大學社會學報，第 39 期，1-44。

王志弘等譯（2006），Paul Cloke 等著。人文地理概論。臺北市：巨流。

王明輝（2004）。臺灣外籍配偶結構性弱勢情勢之分析。社區發展季刊，第 207 期，320-334。

王明輝（2006）。跨國婚姻親密關係之探討：以澎湖地區大陸媳婦的婚姻為例。中華心理衛生學刊，19(1)，61-87。

吳沛嶸譯（2009），Chris Barker 著。文化研究：核心議題與關鍵爭辯。臺北縣：韋伯文化。

吳明儒（2009）。社區多元文化與社會包容之探討：以臺灣新移民女性為例。社區發展季刊，第 127 期，99-112。

伊慶春、章英華（2006）。對娶外籍與大陸媳婦的態度：社會接觸的重要性。臺灣社會學，第 12 期，191-232。

李恩涵（2003）。東南亞華人史。臺北市：五南。

李美賢、楊昊譯（2009）。東南亞多元與發展（*Part 1*）。臺北市：財團法人亞太文化學術交流基金會。

沈倖如、王宏仁（2003）。「融入」或「逃離」？──越南新娘的在地反抗策略。收錄於蕭新煌主編，臺灣與東南亞：南向政策與越南新娘（頁 249-284）。臺北：中研院亞太研究中心。

林開忠、李美賢（2006）。東南亞客家人的「認同」層次。客家研究，創刊號，211-238。

邱琡雯（2001）。女性移民：文化邊界標誌與認同。當代，46(164)，92-103。

邱琡雯（2005）。性別與移動：日本與臺灣的亞洲新娘。臺北市：巨流。

紀玉臨、周孟嫻、謝雨生（2009）。臺灣外籍新娘之空間分析。人口學刊，第 38 期，67-113。

范宏偉（2006）。1967 年緬甸「6.26」排華事件與緬華社會研究。臺灣東南亞學刊，3(2)，47-72。

洪德青（2009）。你一定要認識的越南。臺北市：貓頭鷹出版。

柯瓊芳、張翰璧（2007）。越南、印尼與臺灣社會價值觀的比較研究。臺灣東南亞學刊，4(1)，91-112。

張春興（1989）。張氏心理學辭典。臺北市：東華書局。

張珍立譯（2009），Scott Lash 等著。肯認與差異：政治、認同與多元文化。臺北縣：韋伯文化。

張詠涵（2009）。菲律賓的華人政策（*1946-1986*）。淡江大學東南亞研究所碩士論文，未出版，臺北縣。

張鈺珮（2003）。文化差異下跨國婚姻的迷魅：以花蓮縣吉安鄉越南新娘的生命經驗為例。國立花蓮師範學院多元文化研究所碩士論文，未出版，花蓮市。

張雪君、劉由貴（2010）。從多元文化觀點探討來臺女性新移民的文化衝擊──兼論苗栗縣

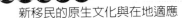

政府的作法。區域與社會發展學報，第一期，103-126。

陳奕麟（1999）。解構中國性：論族群意識作為文化作為認同之曖昧不明。臺灣社會研究季刊，第 33 期，103-131。

陳宗盈、連詠心譯（2006），Peter Kivisto 著。多元文化主義與全球社會。臺北縣：韋伯文化。

陳淑敏、林振春（2009）。主流群體眼中的他者：臺灣社區民眾與外籍配偶互動經驗知覺之研究。社區發展季刊，第 125 期，287-307。

許茂春編著（2008）。東南亞華人與僑批。泰國：作者。

許雅惠（2004）。臺灣媳婦越南情：一個質性角度的觀察。社區發展季刊，第 105 期，176-196。

蔡明惠、陳宏斌、李明儒（2009）。七美鄉外籍媳婦休閒活動與休閒阻礙之探討：社區健康營造策略的再省思。社區發展季刊，第 125 期，326-342。

傅仰止（2001）。都市原住民概說。收錄於蔡明哲等撰，臺灣原住民史：都市原住民史篇（頁 1-49）。南投市：省文獻會。

瞿振孝（2007）。東南亞文化在臺灣：東南亞裔新移民的文化空間與展演。收錄於戈思明、巴東主編，菲越泰印：東南亞民俗文物展（頁 49-51）。臺北市：史博館。

賴佳楓譯（2008），Stephen Castles 等著。移民：流離的年代。臺北市：五南。

潘淑滿（2008）。婚姻移民、公民身分與社會福利權。社區發展季刊，第 122 期，136-158。

蕭昭娟（2000）。國際遷移之調適研究：以彰化縣社頭鄉外籍新娘為例。國立臺灣師範大學地理研究所碩士論文，未出版，臺北市。

謝劍（2006）。東南亞華人的認同問題：對雙重認同理論的再思考。臺灣東南亞學刊，3(2)，3-18。

譚光鼎、湯仁燕（1993）。臺灣原住民青少年文化認同與學校教育關係之探討。收錄於中國教育學會主編，多元文化教育（頁 459-500）。臺北市：臺灣書店。

鄭義愷譯（2009），Arjun Appadurai 著。消失的現代性：全球化的文化向度。臺北市：群學。

顧長永（2007）。越南：巨變的二十年。臺北市：臺灣商務印書館。

二、英文部分

Clifford, J. (1997). *Routes: Travel and translation in the late twentieth century*. Cambridge, Massachusetts: Harvard University Press.

Estern, B. M. G., Ami'an, J. G., & Medina, J. A. S. (2008). Cultural identity and emigration: a study of the construction of discourse about identity from historical-cultural psychology. In B. V. Oers, W. Wardekker, E. Elbers, & R. V. D. Veer (Eds.), *The transformation of learning: Advances in cultural-historical activity theory* (pp. 201-218). Cambridge: Cambridge University Press.

Ganesan, N. (2005). Liberal and structural ethnic political accommodation in Malaysia. In W. Kymlicka & B. He (Eds.), *Multiculturalism in Asia* (pp. 136-151). Oxford: Oxford University Press.

Hall, S. (1990). Cultural identity and diaspora. In J. Rutherford (Ed.), *Identity: Community, culture, difference* (pp. 222-237). London: Lawrence & Wishart.

Hong, Ying-Yi, Wan, C. H., No, S., & Chiu, Chi-Yue (2007). Multicultural identities. In S. Kitayama & D. Cohen (Eds.), *Handbook of cultural psychology* (pp. 323-345). NY: The Guilford Press.

Kittler, P. G., & Sucher, K. P. (1998). *Southeast Asians and pacific islanders*. Belmont, CA: West/ Wadsworth.

Navas, M. et al. (2005). Relative acculturation extended model (RAEM): New contributions with regard to the study of acculturation. *International Journal of Intercultural Relations*, 29, 21-37.

Reese, L. (2002). Parental strategies in contrasting cultural settings: Families in Mexico and "El Norte". *Anthropology and Education Quarterly*, 33(1), 30-59.

Spindler, G. & Spindler, L. (Eds.) (1994). *Pathways to cultural awareness: Cultural therapy with teachers and students*. Thousand Oaks, California: Corwin Press, Inc.

Tastsoglou, E. (2006). Gender, migration and citizenship: Immigrant women and the politics of belonging in the Canadian maritimes. In E. Tastsoglou & A. Dobrowolsky (Eds.), *Women, migration and citizenship: Making local, national and transnational connections* (pp. 201-230). Burlington, VT: Ashgate Publishing Co.

Taylor, C. (1997)。承認的政治。收錄於陳清僑編，身分認同與公共文化：文化研究論文集（頁 3-46）。香港：牛津大學出版社。

第6章

新移民子女之雙族裔
族群身分認同

林彩岫
鍾才元
林惠蘭

前言

　　新移民子女為兩異族結合所生的混血子女，因為此雙族裔的背景，故比起單一族群，在族群認同的過程中需面對父親與母親兩個族群的選擇與整合，形成族群身分的自我認同。國外學者Poston（1990）提出雙族裔認同整合可能之困境與其影響，表示具有雙族裔身分者之認同發展過程，很可能形成疏離父或母的重要支持危機，也就是因為強烈認同單一父系或母系的文化，其選擇反而影響與另一個父或母的互動關係，而對自己產生許多負面的感受，包括罪惡感、自責及自己為背叛者等感覺。

　　Erikson（1968）即表示子女對父母的認同若不足，便難以發展出健全的自我認同（引自李維純，2007）。臺灣新移民子女在家庭與社會脈絡下，對於自我族群身分認定是否可能產生諸多的迷惘、衝突與矛盾（莫藜藜、賴佩玲，2004）？目前，國內學術研究對此一主題尚嫌不足，故希望透過國外雙族裔族群認同的相關研究與文獻整理，以增進對國內新移民子女族群身分認同思考與瞭解。

學習目標

一、瞭解雙族裔族群認同的研究脈絡與發展
二、知道影響雙族裔族群認同要素
三、理解雙族裔族群之身分認同類型

一 雙族裔族群認同

(一) 雙族裔族群認同研究脈絡

　　自不同族群之父母結合所生的混血子女「雙族裔」（biracial/biethnic individual）為繼承兩個不同族群的個體（Miville, Constantine, Baysden, & So-

Lloyd, 2005）。

關於雙族裔族群認同相關研究，西方國家已經經歷長時間的發展，從歷史的軌跡，早期美國種族隔離背景下，聚焦於雙族裔的社會問題，如衝突、缺陷與邊緣等，模式中呈現雙族裔個體嚴重心理問題與高壓等臨床症狀（引自 Coleman & Carter, 2007）。1960 年代開始隨著公民權力和美國黑人運動的背景，1967 年美國高等法院宣布廢除異族通婚的法律限制，此時傾向將黑一白混血的雙族裔個體視為黑人少數族群一種，以單一的少數族群之族群理論來說明雙族裔族群認同，著重於單一族群認同的選擇。

而後，學者 Poston（1990）發現單一少數族群的理論未能真正代表雙族裔發展，提出雙族裔認同發展模式（biracial identity development model），模式中提出正向且多元的雙族裔認同論點，為此開啟了一個新思維。在 1997年美國提出改變族群分類標準的重大變革，允許多族裔 / 雙族裔選擇其多個族群的認同。根據 2000 年美國政府統計已經高達 680 萬的人口自我分類上為兩個或更多個的族群認同（Coleman & Carter, 2007），這重大變革也使得美國雙族裔認同研究更加蓬勃發展。

現今雙族裔族群認同研究觀點以正向觀點取代早期的負面邊緣化，以雙族裔族群認同發展理論基礎，現階段，學者們更轉而聚焦環境生態因素之影響，偏重環境生態脈絡對個人的影響，重視同族群認同中的動力及呈現型態（Coleman & Carter, 2007; Kerwin & Ponterotto, 1995; Pedrotti, Edwards, & Lopez, 2008; Poston, 1990; Renn, 2008; Shih & Sanchez, 2005; Wardle, 1992），近來學者（Wardle, 1992; Root, 1998; Renn, 2008）更著重於檢視其生態脈絡對雙族裔認同上影響，重要的影響因素有社會文化脈絡、家庭文化支持、社區互動與生理外表等（Renn, 2008）。

在全球化背景下，新移民陸續進入臺灣社會，從民國 76 年至今逐年成長，而其婚生子女至 99 學年就讀國民小學人數已超過 14 萬人。研究的焦點也隨著從新移民本身逐漸延伸到子女身上，然而，新移民子女的研究主題多圍繞在家庭、學校和自我三個層面上，但是關於其族群身分認同層面的研究相對不足。

(二) 雙族裔族群認同的發展

早期美國雙族裔族群認同研究將雙族裔族群認同視為單一族群認同，對此 Poston（1990）提出質疑，認為在單一少數族群的發展理論不能正確反應雙族裔的經驗。而一般族群認同發展理論不適用於雙族裔的族群，限制包括有四：第一，一般族群認同模式在不同階段個人只能選擇一個族群文化或價值。第二，單一少數族群理論認為個人開始會拒絕他們少數族群的文化認同，然後接受支配性文化，然而雙族裔個體是來自這兩個的族群之一，不必然出現拒絕與支配情形。第三，這些模式不允許整合數個族群認同，依據少數族群認同模式，自我實現是一個族群認同整合，然後接受其他族群，但它不同於雙族裔的多元族群認同。第四，這些模式需要接受少數族群起源文化，特別是在陷入階段，但是許多雙族裔沒有機會經驗到父母文化、少數族群或多數族群的刺激（Poston,1990）。

基於以上的理由，Poston（1990）提出較具代表性的雙族裔族群認同發展模式。此模式包含五個階段：

1. 個人性認同（personal identity）：兒童早期階段，他們的參照團體態度尚未發展，所以他們的認同主要只是基於發展和家庭學習而來的個人認同因素，例如自尊和自我價值感。

2. 團體類別的選擇（choice of group categorization）：此時期個人被迫選擇認同（通常是一個族群認同），為發展中危機過度的階段。個人基於團體地位、社會支持、個人因素等影響選擇認同。

3. 陷入／否認（enmeshment/denial）：此時期雙族裔個人因為單一選擇下無法完全認同父母雙方，感到罪惡和自我憎恨。此時，父母和社區支持相當重要，以幫助孩子解決這個窘境。

4. 鑑賞（appreciation）：個人能珍視自己的多元背景，經透過學習各方面的文化背景擴大族群參照團體，以自行選擇認同的單一團體。

5. 整合（integration）：這個階段代表全面完整和統合，他們認同父母雙方族群認同的價值。

Poston 之模式假定雙族裔個體經過生態因素整合的階段性進展，發展出

健康的認同（Wardle, 1992）。早期由於兒童認知發展限制且參照團體的模糊，入學階段雙族裔兒童認同主要基於發展和家庭學習而來的個人認同因素（Poston, 1990），隨著個人社會心理的發展，在個人與生態環境的族群衝突中，造成陷入不斷整合的歷程。雙族裔族群認同發展階段經由衝突—陷入—整合，此歷程隨著個人生命持續進行，不斷的流動、改變，最後達到心理健康（李國基，2007）。

　　從雙族裔認同發展模式之衝突—陷入—整合三階段，可能無法完全套用國內新移民子女，在臺灣家庭背景的發展過程中，新移民子女不一定受到雙文化的薰陶，也就沒有選擇哪種文化的可能（引自趙佳慧，2005）；沒有單一族群身分認定，也就沒有其雙族裔認同整合。

　　因此，母親族群文化傳遞為其重要的關鍵，另外，擁有雙邊文化的新移民家庭，其子女經歷其陷入階段統整困境，在臺灣的社會脈絡下是否提供足夠的支持，幫助孩子解決這個窘境，達到其雙族裔認同統整？以上皆可作為教育者及行政者思索與討論的方向。

● 影響雙族裔族群認同要素

　　近年來越來越多的學者（Wardle, 1992; Root, 1998; Renn, 2008）發現，發展模式中限制並質疑雙族裔族群認同發展上階段性的說法，其族群認同不一定依循著發展的線性歷程，近年來研究（Brunsma & Rockquemore, 2001; Root, 1998; Pedrotti, Edwards, & Lopez, 2008）提出更多的環境因素影響個人的認同，依個人經驗而改變，且雙族裔族群認同多不同於發展模式最終完全整合之假定。學者們主張雙族裔認同受到環境生態脈絡間互動的關係，歸納影響雙族裔族群認同要素有以下四點：

(一)社會文化脈絡

　　社會文化脈絡包含主要族群脈絡、少數族群脈絡與文化脈絡的社會普遍支持或貶低等態度（Wardle, 1987）。主要族群的脈絡是雙族裔父親或母親之中環境下的多數族群，其族群社會中的主流價值；少數族群脈絡因素為雙族

裔父親或母親之中的少數族群，共享多數族群文化的抱負、教育的價值和經濟的成功等；社會文化脈絡來自於文化間的差異，可能產生的族群敵意程度（Wardle, 1992）。

　　國內新移民子女的主要族群脈絡爲臺灣社會的主流價值，臺灣屬集體主義文化國家，易知覺其內團體與外團體分別（王慶福、洪光遠、程淑華、王郁茗，2006），強調其新移民子女族群差異，此外，Allport 表示主流族群對少數族群的接納還受到兩個社會文化親近與社會經濟發展平等地位的影響（引自伊慶春，2006），社會距離的研究發現，大陸及其東南亞族群在文化上親近性上雖較歐美相近，但其社會經濟發展平等地位較臺灣相對低落，儘管生活中互動的經驗，但是一般大眾對大陸及其東南亞新移民接納性遠小於東南亞華僑（伊慶春，2006），其說明多數族群脈絡對新移民的接納度較低。

　　雙族裔父親或母親之中的少數族群脈絡也是影響認同的因素之一，雙族裔孩子必須暴露在族群和種族多樣的環境中，認識與辨識其他人及周遭類似家庭（Wardle, 1987），組織的多樣性支持，將幫助孩子尊重差異，提升其雙族裔認同之整合。然而，新移民子女少數族群脈絡在遙遠的國度，此必然對個人族群認同造成很大的影響。

　　至於，新移民子女的文化脈絡，從國內李國基（2007）提出的新移民子女文化接觸模式，可清楚看出其家庭與一般少數民族文化接觸上的不同，分別比較圖 6-1、6-2 和 6-3。圖 6-1、6-2 和 6-3 中 A 與 B 分別代表少數族群文化與多數族群文化。圖 6-1 和 6-2 爲少數族群的文化接觸圖，其中圖 6-1之少數族群的個人爲生長於父母的少數族群部落，例如臺灣山地原住民；圖 6-2 則爲孤立型的少數民族，也就是少數民族個人生長於多數族群的環境中，例如臺灣的都市原住民，由圖可知少數族群文化衝突的發生在群體與群體之間或家庭與群體之間。

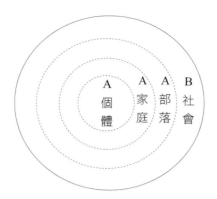

▲ 圖 6-1　一般少數群體的文化接觸模式（李國基，2007，第 27 頁）

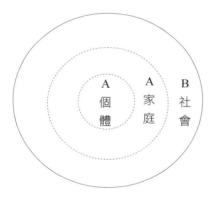

▲ 圖 6-2　孤立型少數群體的文化接觸模式（李國基，2007，第 27 頁）

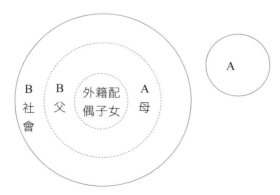

▲ 圖 6-3　新移民家庭文化接觸模式（李國基，2007，第 28 頁）

但是，新移民子女其雙邊文化的接觸（圖 6-3），不同於一般少數民族，多數族群的臺灣文化 B 與少數族群（母親族群）的文化 A，同時存在於家庭中，也就是說文化競爭場域在家庭內部就已經開始。新移民子女生長於父親族群的主流社會，而母親的族群文化與孩子分離切割，僅由母親傳遞文化，這樣特殊的文化接觸模式自然影響著其族群認同的方式與歷程（李國基，2007）

李國基（2007）的雙族裔家庭的文化接觸模式也突顯了國內與歐美等國家雙族裔背景差異。馬藹萱（2005）研究中歸納新移民子女在族群身分認同會依據「出生地」、「國籍」兩因素，新移民嫁入臺灣，其子女生長於父方強勢群體文化，因此，「出生地」及「國籍」經常是一項認同重要的依據，他們以對出生地的認同，來建構自己是「哪裡人」。

(二)家庭文化支持

家庭文化支持因素，包括家庭與延伸家族成員雙文化的接納、支持與文化傳遞。馬藹萱（2005）比較臺灣社會文化脈絡中家庭、學校（包括學校老師、同儕與學校教材）與大眾媒體對於跨國婚姻子女在族群認同上的影響，發現家庭在認同建構的影響力最強，家長可透過親子間的互動，以直接或間接的方式灌輸其子女與認同有關的想法及概念；其次學校方面其老師以及同學的互動影響力也遠大於教材。

李維純（2007）以三名對母親有高度認同的東南亞籍新移民青少年子女進行深入訪談，發現研究中的新移民子女，皆認同自己的身分並接納外表、生理特徵。雖然，訪談中東南亞子女表示曾遭遇來自同儕的偏見和歧視，包括身分成為焦點的過度反應，排斥與之同組等歧視行為，但受訪者卻能經由包容、不理會或看淡歧視，將身分認同衝突矛盾加以轉換。而這些受訪者具有共同性──和諧的家庭，家庭成員彼此接納、尊重，其子女對母親有高度認同。藉著對母親的高度認同感，提升新移民青少年子女對自己身分的認同，覺得自己身為新移民子女是值得驕傲的，並為母親感到光榮；重新檢視自己的身分，接受並肯定自己的價值；打破汙名化，認知新移民子女不特別、不會因族群身分而與其他人有所不同，並接受自己為新移民子女。此研究再次

說明新移民家庭成員間接納支持的族群態度,影響下一代自我族群認同的建構。

家庭化支持因素除了態度接納與支持外,還包括族群文化傳遞,即父母原生社會與文化的接觸及熟悉程度,包括語言使用、母語歌曲、家族軼事瞭解等。陳毓齡(2005)之研究結果顯示,新移民家庭提供的家庭資本越多,其子女的族群認同發展也越高。龔元鳳(2007)發現背景變項中,如果照顧者經常使用兩種以上語言者之族群認同高於主要照顧者經常使用單一語言者,結果顯示族群認同與照顧者使用母親國家語言之情形間存在正相關。且家庭資本各層面中,以文化資本對子女族群認同發展最具解釋力,說明了家庭文化傳遞為影響新移民子女認同重要因素之一。

(三)社區互動

社區互動包含學校師長、鄰居、同儕、教會等成員組成與其族群態度。雙族裔孩子暴露在族群和種族多樣的環境中,認識與辨識其他人及周遭類似家庭,可幫助其雙族裔認同上之整合(Deman-Sparks, 1989; Wardle, 1987)。從雙族裔族群認同發展階段性來看,自兒童晚期和青少年階段,社區中同儕間角色模範與參照團體更具影響力,Pinderhughes 質性研究中結果提出提升雙族裔族群認同整合的重要指標,包括社區中雙族裔人口比例與環境的支持性(引自 Shih & Sanchez, 2005)。由此可見,社區的族群人口組成與一般多數族群態度,亦是影響雙族裔族群認同發展重要因素之一。

(四)生理外表

生物性的遺傳因素是認同意識相當重要的指標(吳乃德,1993)。雙族裔具有兩族群的遺傳,其生理外表包括其個體皮膚、髮色、五官等,生理外表與一般多數族群的差異直接影響其族群身分暴露與否,也決定了族群身分自主選擇權,因此亦影響雙族裔個人對自己族群身分的認同。

國內學者馬藹萱(2005)歸納雙族裔族群認同的依據,特別列出了「外表特徵」;陳文華(2007)的「生物血緣因素」,強調了生理層面包括血緣與外顯的身體特徵對雙族裔族群認同的影響。趙佳慧(2005)新移民子女質性

訪談中,發現外表特徵影響自身揭露族群身分的經驗與方式,具有明顯族群外表者較無彈性選擇族群身分界定與揭露方式,無明顯外表特徵的新移民子女,則有公開與否的選擇權。可見生理的外表特徵決定了雙族裔自主權選擇有無的關鍵,明顯的外表特徵直接左右著他人與自己族群身分的認同。

三 雙族裔族群身分認同

　　雙族裔不同於單一的族群,是由分屬不同族群的父與母所組成,族群身分認同也就是雙族裔對自我族群的歸類。在瞭解族群認同型態相關研究前,先探討雙族裔在父母兩族群認同上的動力與消長之關係(引自李國基,2007):

(一)雙族裔族群認同之動力關係

1.兩極性的線性觀

　　以兩極化的線性模式來看雙族裔族群認同,基本假設為父族母族認同是相互影響的,可將此概念看成兩股互相消長的勢力,一邊為父族的強烈認同,另一邊為母族的強烈認同,當強烈認同父親族群則母親族群認同疏離;相反的,強烈認同母親族群則父親族群認同疏離。臺灣新移民子女因為強勢的父系主流文化排擠造成母系文化邊緣化,然而,這樣的文化結構是否能正確反應個人族群認同則有待商榷,研究者認為兩族群認同是否相互影響,與個人認同上的統整程度是相互關聯的。

2.兩極─象限觀

　　後來學者認為認同間是可相互獨立的,將認同母親族群與認同父親族群置於垂直的兩軸上,依其認同強弱形成四個象限:認同兩者的涵化者;僅認同主流族群的同化者;排斥主流族群但認同母親族群的游離者;不認同兩族群者視為邊緣者(圖6-4)。

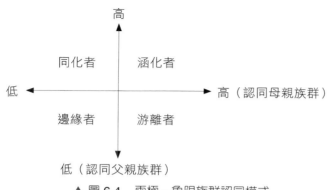

▲ 圖 6-4　兩極─象限族群認同模式

資料來源：引自李國基（2007）

3.多元觀

Rockquemore & Laszloffy（2005）認為族群文化間是相互交流與對話，兩者接觸後必然產生本質上的變化，雙族裔個體在融合了兩者文化的家庭中成長，認同本身為一種「想像」，沒有固定的實體或勢力的消長特定關係。雙族裔個體在兩族群認同間統整，在自我身分認同上找到定位，但此定位並非固定，隨著生涯有所改變流動。雙族裔之族群身分認同是個人主觀的族群身分自我選擇。

(二)雙族裔族群身分認同

美國在 2000 年一改過去單一族群認同分類標準，不以「多族裔」和「單一族群」的二分法，多族裔個體不再被限於選擇自己是「單一族群」或是「多族裔」的兩種分類標準，取而代之個體能於族群分類中選擇一個以上的認同傾向（Binning, et al., 2005）。也因為教育和政府組織擴大族群分類系統，加速對族群認同研究的累積，此後，雙族裔族群認同不再強調外在社會的認同，而是從雙族裔個人的族群身分自我認同選擇來決定。因為族群分類系統的改變，專家學者依雙族裔個人的族群身分自我的選擇，歸納出諸多分類型態（詳見表 6-1）。

表 6-1　雙族裔族群認同類型

學者（年代）	雙族裔族群認同類型
Roccas 與 Brewer（2002）	支配、區分、融合、交集
Renn (2008)	單一族群認同、情境認同、多元認同、超越認同、多元單一族群認同
Brunsma 與 Rockquemore (2001)	單一認同、情境認同、雙族裔認同、超越認同
李國基（2007）	認同父方排斥母方、認同母方排斥父方、認同父母雙方、排斥父母雙方、認同父方不排斥母方、認同母方不排斥父方、不認同也不排斥父母雙方
馬藹萱（2005）	單一族群、族群認同轉換、呈現兩種以上的身分認同、不願意將自己歸類

　　雙族裔個體所呈現的認同型態，反應著個人的族群認同形塑其自我和他人的態度（Poston, 1990），依不同學者研究，歸納成不同的雙族裔族群認同的型態。Roccas 與 Brewer（2002）提出個體處理雙族裔族群認同的策略中形成的身分認同，包括有四種類型：(1) 交集（intersection）：表僅認同同屬混血族群的團體，例如黑—亞雙族裔僅認同其他黑—亞的雙族裔團體；(2) 支配（dominance）：僅認同單一族群，例如黑—亞雙族裔只認同自己爲黑人；(3) 區分（compartmentalization）：依社會脈絡情境而定，例如黑—亞雙族裔某情境認同自己是黑人，某情境是亞洲人；(4) 融合（merger）：同時認同兩者，例如黑—亞雙族裔族群認同黑人和亞洲族群團體。

　　Renn（2008）從雙族裔的大學生研究歸納出認同五種型態：(1) 從父族或母族的背景中選擇其一的「單一族群認同」（a monoracial identity）；(2) 個人在社會情境下被迫選擇單一族群認同，且依情境轉換的「多元單一族群認同」（multiple monoracial identity）；(3) 認爲自己非屬父族或母族，而是「多元族群認同」（a multiracial identity）；(4) 拒絕歸屬人爲族群分類的「超越認同」（an extraracial identity）；(5) 穩定的族群認同且能隨情境脈絡轉換的「情境認同」（a situational identity）

　　Brunsma 與 Rockquemore（2001）則是提出雙族裔經驗調查模式（Biracial Self-Identification Measure, BSIM），該模式包含了七種認同選擇：(1)

我認爲自己僅屬於非裔美國人或黑人的；(2) 我是雙族裔，不是單純的黑人或白人；(3) 我認爲自己僅是主流歐洲美國人或白人；(4) 我有時候認爲自己是黑人、有時候是白人，有時候是雙族裔的，依情境變化；(5) 我認爲我是雙族裔的，但是我經驗的世界是黑人的世界；(6) 我認爲我是雙族裔的，但是我經驗的世界是白人的世界；(7) 族群分類是沒有意義的，我不屬於任何族群的類別。

Coleman 與 Carter（2007）將以上七項選擇對照歸納，發現選擇 (1) 和 (3) 爲單一認同（a singular identity）；選擇 (2) 則屬於確認（validated）雙族裔認同（the border identity）；選擇 (5) 和 (6) 則是未確認（unvalidated）雙族裔認同（the border identity）；選擇 (4) 爲情境認同（a protean identity）；選擇 (7) 爲超越認同（a transcendent identity）。

國內關於雙族裔族群認同型態的研究仍極爲有限，目前僅有李國基（2007）與馬藹萱（2005）兩篇文獻。李國基（2007）以屏東縣七名新移民子女爲對象深入訪談，依其對雙親認同看法歸納出七種類型：(1) 認同父母雙方；(2) 排斥父母雙方；(3) 認同父方排斥母方；(4) 認同父方不排斥母方；(5) 認同母方排斥父方；(6) 認同母方不排斥父方；(7) 不認同也不排斥父母雙方。

馬藹萱（2005）透過田野調查，發現跨國婚姻子女不同於同儕（單一族群）有三：65% 的新移民子女多數呈現兩種以上的身分認同，其中有些認同是確定、穩定的，但也有些以「千面人」的「族群認同轉換」（ethnic identity switching）的方式適應社會情境的單一族群認同，其餘 35% 受訪者呈現對身分困惑，甚至是因爲困難或沒有意義的，不願將自己歸類的超越認同類型。比較國內雙族裔身分認同兩個研究，李國基（2007）是以認同程度劃分，故多了「認同父方不排斥母方」和「認同母方不排斥父方」兩種類型，若是以自我族群選擇方式，則劃分型態可能併入「雙族裔認同」或「單一族群認同」。

綜合國內外學者提出雙族裔族群認同型態，可以將重要型態整理歸納成以下幾種：僅認同父族群或母族群的「單一族群認同」；同時認同父族群和母族群的「雙族裔認同」；情境改變的「情境認同」；不將自己作類別歸屬的

「超越認同」以及其他未歸類型態。

(三)雙族裔族群身分認同相關研究

　　1997 年美國提出族群分類標準的重大變革，多族裔的個體能選擇一個以上的類別，這項政策性的轉變也掀起學界的一番討論，關於雙族裔族群認同、自我身分認同和心理健康關係研究興起（Binning et al., 2005）。

　　Coleman 與 Carter（2007）研究中發現能認同父族和母族的雙族裔認同與低焦慮和低憂鬱達顯著相關。Binning、Unzueta、Huo 與 Molina（2005）以高中雙族裔個體為對象，探討雙族裔的認同型態與心理健康和社會參與表現。研究雙族裔認同受試者比起其他認同型態呈現較低的壓力與學校距離（school alienation），較多正向情感和學校適應行為（school citizenship behavior），無論心理健康和社會參與皆較佳。以上研究結果傾向雙族裔認同型態與正向心理之相關。

　　Field、Kich、LaFromboise 與 Poston 等許多學者皆相信要發展完整而健康的心理，雙族裔認同（或是多族裔認同）優於單一族群認同（引自 Coleman & Carter, 2007）。學者比較其他型態與心理健康關係，發現認同社會高地位的單一族群或低地位單一族群的心理健康，結果顯示兩者無差異，且皆與負向心理相關（Binning et al., 2005）。Funderburg 表示個人僅能選擇單一族群進行認同的，是形成雙族裔焦慮的來源。此說法說明無論地位高低的單一族群認同無差異現象，影響心理健康因素在於單一選擇的心理壓力。Brown 提出單一多數族群形成雙族裔的焦慮和憂鬱（引自 Coleman & Carter, 2007）。此外，本間美穗（2006）整理新聞深度訪談的 39 個臺日家庭，發現臺─日雙族裔個體認同上產生困難，甚至轉向質疑族群分類，即稱呼自己是地球人或國際人。依照前面族群身分認同的型態分類，此為不認同父母兩族之超越認同。Coleman 與 Carter（2007）研究中發現不認同父母兩族的超越認同的傾向與高焦慮和高憂鬱有顯著相關。

　　根據目前的研究顯示，達到認同父母雙方的雙族裔認同與正向心理健康密切相關（Coleman & Carter, 2007; Kerwin & Ponterotto, 1995; Pedrotti et al., 2008; Poston, 1990; Renn, 2008; Shih & Sanchez, 2005；Wardle, 1992）。

至於單一族群認同、否認族群分類標準的超越認同等各種類型與心理健康則較多負向心理結果。Poston（1990）強調雙族裔「個人族群的選擇」與「兩個族群的接納與整合」；Rockquemore 與 Laszloffy（2005）則表示種族認同健康或不健康，並非取決於採用哪一種種族認同，而是取決於認同發展的途徑。來自於接納途徑所建構的種族認同是健康的，而植基於拒絕途徑的種族認同則是不健康的。

　　綜合上述，可知族群身分認同發展對新移民子女身心之重要影響，此為教育當局值得注意之處。新移民子女認同父母雙邊文化與族群整合，促使其正向發展並建構出雙重跨國文化能力，此需孕育於尊重的、平等的多元文化社會。反觀臺灣社會脈絡不平等之現況，更提醒當局在多元文化教育推廣中之尊重欣賞、包容異己核心價值的宣導與重視。

問題思考

一、雙族裔的新移民子女與一般單一少數族群的族群認同有哪些差異？

二、臺灣社會脈絡下，新移民子女在族群認同上可能面臨哪些挑戰？

三、臺灣社會脈絡對新移民子女族群身分認同影響為何？

四、新移民子女族群認同的多元文化課程需設立哪些目標？

五、如何透過教育幫助新移民子女個人雙族裔族群認同發展與整合？

參考文獻

一、中文書目

王慶福、洪光遠、程淑華、王郁茗譯（2006）。社會心理學（原作者：Sharon S. Brehm、Kassin, S.、Fein, S.）臺北市：雙葉。

本間美穗（2006）。異國情、異域結——在臺臺日通婚的現況及問題之探討（未出版之碩士論文。國立臺灣大學新聞研究所，臺北市。

伊慶春（2006）。對娶外籍與大陸媳婦的態度：社會接觸的重要性。臺灣社會學，12，191-232。

吳乃德（1993）。省籍意識、政治支持和國家認同。收錄於張茂桂等著《族群關係與國家認同》一書。臺北：明田。

李國基（2007）。東南亞新移民子女雙族裔族群認同之研究（未出版之博士論文）。國立屏東教育大學，屏東市。

李維純（2007）。東南亞籍新移民女性其青少年子女自我概念發展與轉換之探討研究（未出版之碩士論文）。國立暨南國際大學，南投。

馬藹萱（2005）。跨國婚姻子女族群認同之初探。2005年臺灣社會學會年會論文。

莫藜藜、賴佩玲（2004）。臺灣社會「少子化」與外籍配偶子女的問題初探。社區發展季刊，105：55-65。

陳文華（2007）。影響原漢雙族裔族群認同的因素探討：從生態系統理論觀點。玉山神學院學報，14，115-132。

陳毓齡（2005）。新移民家庭資本與其子女族群認同之關係研究：以中部四縣市國中階段為例（未出版之碩士論文）。國立臺中教育大學，臺中市。

趙佳慧（2005）。臺灣與東南亞跨國家庭青少年外表形象、自我概念及族群認同間關聯性之初探（未出版之碩士論文）。國立政治大學，臺北市。

龔元鳳（2006）。大陸與東南亞新移民女性子女族群認同之差異研究（未出版之碩士論文）。國立臺南大學，臺南市。

二、西文書目

Binning, K. R., Unzueta, M. M., Huo, Y. J., & Molina, L. E. (2005). The interpretation of multiracial status and its relation to social engagement and psychological well-being. *Journal of Social Issues*, 1(65), 35-49.

Brunsma, D. L., & Rockquemore, K. A. (2001). The new color complex: Appearances and biracial identity. *Identity: An International Journal of Theory and Research, 1*(3), 225-246.

Coleman, V. H., & Carter, M. M. (2007). Biracial self-identification: Impact on trait anxiety, social anxiety, and depression. *Identity: An International Journal of Theory and Research*, 7(2), 103-114.

Derman-Sparks, L., & A. B. C. Task Force (1989). *Anti-Bias Curriculum: Tools for Empowering Young Children*. Washington, D.C.: National Association for the Education of Young Children.

Kerwin, K., & Ponterotto, J. G. (1995). Biracial identity development. In J. G. Ponterotto, J. M. Casas, L. A. Suzuki, & C. M. Alexander (eds). *Handbook of multiracial counseling*, 199-217.

Miville, M. L., Constantine, M. G., Baysden, M. F., & So-Lloyd, G. (2005). Chameleon changes:

An exploration of racial identity themes of multiracial people. *Journal of Counseling Psychology*, 4(52), 507-516.

Pedrotti, J. T., Edwards, L. M., & Lopez, S. J. (2008). Working with multiracial clients in therapy: Bridging theory, research, and practice. *Professional Psychology: Research and Practice, 39*(2), 196-20.

Phinney, J. S., & Rotheram, M. J. (1987). Ethnic Behavior Patterns as an Aspect of Identity. London: Sage.

Poston, W. C. (1990). The biracial identity development model: A needed addition. *Journal of Counseling & Development, 69*(2), 156-155.

Roccas, S., & Brewer, M. B. (2002). Social identity complexity. *Personality and Social Psychology Review*, 6(2), 88-106.

Rockquemore & Laszloffy (2005). *Raising biracial children*: AltaMira Press.

Root, M. (1998). Experiences and processes affecting racial identity development: Preliminary results from the biracial sibling project. *Cult Divers Ment Health., 4*(3), 237-247.

Shih, M., & Sanchez, D. T. (2005). Perspectives and research on the positive and negative implications of having multiple racial identities. *Psychological bulletin*, 131, 569-59.

Wardle, F. (1987). Getting back to the basics of children's play. *Child Care Information Exchange*, Sept., 27-30.

Wardle, F. (1992). *Biracial identity: An ecological and developmental model*. Denver, Colorado: Center for the Study of Biracial Children.

第 **7** 章

新移民及其子女
的文化展演

林彩岫

前言

突顯差異往往被認為是不智之舉,因為人們對於相似性的覺知,可以增強對他人的喜好(Berscheid & Reis, 1998)。所以,一般人會採取所謂的「色盲」(colorblind)觀點,將個體視為相同族群,以削減明顯的可能衝突、減少不適與難堪。然而,「色盲」可能會因為忽略人與人之間文化差異的真實性,以及無法回應與利用多樣性來幫助彼此學習與成長(Schofield, 2007)。

在過去的臺灣之教育以大中國為架構,不強調居住於其中住民之差異。後來,隨著現代化、都市化的過程,各地人口共聚一堂,加上傳播媒體的推波助瀾,傳統族群與地區的界定,變得不再重要,這種趨勢導致某種程度的族群融合(賴志彰,2004)。可是,自 1970 年代以來,由於本土政治趨向強調鄉土文化的認同以及臺灣社會轉型後重視地方文化導向(譚光鼎,2010),各族群間或內部的差異反而就被提出來討論了。

自 1990 年以來,大量的婚姻移民以及外籍勞工進入臺灣社會,更使政府感受到對人群間「差異」議題處理的迫切性。內政部(2011)於1999 年開始,已依立法院內政及民族委員會預算審查之附帶決議訂定「外籍配偶生活適應輔導實施計畫」,重點是在適應與融入臺灣社會。教育部(2011)方面,社教司的「發展新移民文化計畫」,主要策略之一為辦理多元文化交流及教育成果展示活動,辦理外籍配偶家庭終身學習成果博覽會及多元文化週活動。

教育部國教司(2011)推動多年的「新移民子女教育改進方案」,第三點亦載有「舉辦多元文化活動或國際日活動」,希望透過多元文化活動或國際日活動的舉辦來展現各國文化特色,以達尊重接納異文化,建構豐富多元文化社會的目的。值得思量的是,在這個屬於新移民子女教育的改進方案,所提到的「舉辦多元文化活動或國際日活動」,並沒有很明確的提到新移民子女的文化展演,然而隨著新移民子女人數的增加與漸漸的長大成人,似乎也到了該思考其認同與展演議題的時刻了。

　　基於以上的背景，本章首先在於瞭解展演與多元文化的關係；其次，探討新移民的多元文化活動或國際日等之展演的現況及其困境；最後，探討新移民子女的多元文化展演的必要性以及可能的展演形式。

學習目標	一、探討展演的多元文化功能
	二、瞭解新移民多元文化展演的現況
	三、反思新移民多元文化展演的困境
	四、建構新移民子女文化展演的可行方式

展演與多元文化

(一)展演

　　與展演（performance）有關的字詞大致有「陳列」（display）、「展示」（exhibit）與「展覽」（exhibition）。「陳列」一般指的是沒有加入特殊詮釋的物件呈現；「展示」通常是指局部的物件群與組成畫廊內整體性的詮釋物質；「展覽」習慣用於可理解的元素群（包括展示與陳列），並形成完整的典藏品呈現與供大眾使用的資訊（蕭翔鴻譯，2006）。

　　許功明（2004）從博物館學來界定展演，認為展演是一種具有美感形式與要求的「溝通」，在參觀者或觀眾之前展現或演出，經演出者與參與者共處一段時間，而產生了意義。展演可再區分為「展示」（to exhibit）與「表演」（to act, to perform, to play）兩個概念，「展示」一詞與「展演」相較，屬於被動、靜滯的溝通。而「展演」則多了一層動態意義，依觀眾之需求來設計開發，並可讓其主動參與且互動的公共「場域」與「環境」，使參觀行為成為一種可透過個人或集體身體力行來體驗、積極參與，並建構「活生生」的經驗。在目前博物館的展示中，有所謂「博覽會式」（fairs）、「攤位式」

（retailing）、「櫥窗式」（screen）、甚至是「舞臺式」（stage）的各種表現特徵。

以上「博覽會」的英文對照字為 fairs，fairs 一般也有譯為「園遊會」者，周何（1992）將「園遊會」定義為「機關學校為了慶祝節日，所舉辦遊藝節目，並設置餐飲等攤位，以招來遊客，提供娛樂消費，收入所得用以樂捐的有意義活動。」

另外，與「博覽會」、「園遊會」相關的名詞為「嘉年華會」（Carnival），「嘉年華會」本是天主教國家節日名，在四旬節的前三天或一星期內，舉行的宴樂與狂歡（周何主編，1992），該節日的活動演變至今，不一定是因宗教節日而舉辦。由此可知，嘉年華會的重要元素包括有許多人參與、活動性質多元、具歡樂氣氛等性質的活動。

本文所謂的展演活動，以「博覽會」、「園遊會」或「嘉年華會」的活動為主，其中除了靜態的展示外，並包含有寓教於樂的「嘉年華會」元素之活動者為主。另外，若有單位辦理較為動態的活動者，並包含飲食、服飾、歌舞以及參訪旅遊等元素者，不論其規模大小，本文亦列入討論。

(二)展演的多元文化功能

郭瑞坤（2010）歸納博物館舉辦新移民的文化展示與活動之功能，大致有四種類型：

1. 融入適應型：高雄市立歷史博物館新移民新年活動、國立臺灣博物館新移民婦女心靈成長講座。
2. 文化差異型：國立歷史博物館「菲越泰印」展。
3. 社會發聲型：新竹市立影像博物館新移民影展、關渡美術館侯淑姿個展與新移民影像展、國際勞工協會移工攝影展。
4. 社群合作型：臺灣史前文化博物館外配社群的教育合作。

王俐容（2006）以「文化藝術節」（festival）為例，分析多元文化展示的功能如下四項：

1. 提供一族群特殊的意識、自覺與感應，進而強化其族群認同；或是提供族群享受獨特族群文化的可能。
2. 是一種「自我定義的基地」，經由活動中建構或是傳送自我文化特色

的詮釋方式，不只是在於他們希望尋求一個真實的自我認同，更是希望洗刷或是脫離過去其他族群或是優勢階級賦予他們的刻板印象。

3. 提供一個族群文化藝術發展空間，讓不同族群文化藝術得以茁壯，也具有文化傳承的功效。

4. 是一種族群的公共展示，讓其他族群可以透過活動增進相互的瞭解。

其中前三項屬於認同的確認，第四項著重在透過展示，使得族群間相互認識，並進一步的相互理解。

(三) 新移民多元文化展演活動的功能

教育部國教司推動多年的「新移民子女教育改進方案」，與「展演」或「展示」有關的規定，以 2011 年 4 月 5 日發布的方案內容而言，其中的第三點：「舉辦多元文化或國際日活動：以尊重、接納他國文化特色，建構豐富多元文化社會，辦理各國文化特色活動。」換言之，教育部希望透過多元文化或國際日舉辦的活動來展現各國文化特色，以達尊重接納異文化，建構豐富多元文化社會的功能。

苗栗縣 94 年度新移民多元文化活動計畫書上寫著所欲達成的目標如下：

1. 關懷外籍配偶及其家庭，使得其能獲得協助，以融入臺灣社會。

2. 提升國人多元文化素養，開拓國際視野，以建構豐富的多元文化社會。

3. 培養學生具有開闊視野恢宏的國際觀。

在某場新移民展演活動中，當時的教育部次長做了如下的致詞：「除了協助外籍配偶子女學習外，教育部還將協助各中小學，舉辦多元文化週、國際文化日等，讓學生彼此認識並尊重各國文化特色，以促進文化交流與融合。」（劉嘉韻，2007）

另外，各地活動的新聞報導中大致都是如下所寫，僅以臺中市與南投縣為例：「（臺中市）專為外籍配偶家庭舉辦的『健康活力國際日』活動，……其中，『歡樂節慶』的主題攤位，只要將臺灣的民俗節慶選出應景的食物或活動就可獲得獎品，藉此讓外籍配偶認識臺灣的民俗節日。…… 市府也展示越南、柬埔寨、印尼、菲律賓及泰國等東南亞鄰國的文化及風俗民情，讓臺

灣的配偶多多認識另一半的家鄉，增進彼此瞭解。」（臺中市政府，2007）南投縣新移民學習中心辦理外籍配偶母國文化日活動，該活動以協助新移民適應在地生活及促進民眾瞭解新移民母國文化為目的（孟憲騰，2007）。

綜合以上，可歸納出以上活動欲達到融合、融入（適應）以及認識異文化等功能，然而活動都聚焦在「認識差異」上，透過各式動態與靜態的展示與體驗活動的設計來認識差異，希望讓非新移民瞭解東南亞文化，新移民瞭解臺灣文化，以達到文化交流以及促進族群關係和諧等目的。這些活動較傾向於郭瑞坤（2010）所指的「融入適應型」、「文化差異型」的活動，較能達到王俐容（2006）所臚列多元文化展示的諸功能中的「是一種族群的公共展示，讓其他族群可以透過活動增進相互的瞭解」一項，而較不著重在「認同」與「主體發聲」的面向上。

二 新移民多元文化展演活動之舉辦

(一) 新移民多元文化或國際日舉辦之實況

新移民展演活動舉辦單位多元，新移民因參加不同的團體，如外籍配偶識字班、社大的外籍配偶輔導班、電腦班、數學班、中餐烹調證照班，或是在移民署、衛生所、社會局、外配中心、生命線協會當通譯志工、參與教會活動等各種機緣下，而能出來展演母文化（邱琡雯，2009）。目前較大型活動，以教育部為指導單位、以「多元文化或國際日」為名之活動最多，各縣市政府、學校，尤其設有「新移民學習中心」的學校，也自行舉辦或承辦縣市級多元文化週或國際日活動。其次，內政部也舉辦若干活動，如2009年底於木柵動物園舉辦國際移民日千人健走活動慶新年（慶正，2009）等。

新移民「多元文化或國際日」活動，教育部有指示配合「節日」舉辦，有時另訂日期特別為新移民而舉辦。各式新移民展演活動，尤其是較大型嘉年華會活動，因為有時是多個單位合辦，有時是為了招攬或服務顧客，內容非常多樣，大概可歸納為展示、表演體驗、益智競賽以及服務四項。

表 7-1　新移民「多元文化或國際日」活動內容舉隅

單位項目	展示	表演	益智競賽	服務
苗栗縣政府（2005）多元族群嘉年華活動	「外籍配偶終身學習」成果展示	舞蹈歌謠暨表演	外籍配偶闖關活動	家庭教育中心諮詢
臺中市政府（2006）健康活力國際日	異國文物欣賞	本國及異國美食體驗	本國文化學習活動、認識媽媽一系列闖關活動	各項諮詢服務區
新竹市政府（2006）國際親子日活動		多元文化才藝表演；各國文化、風俗特色展演	外籍配偶說故事比賽	
桃園縣楊梅國小（2007）多元文化週	主題圖書展、異國文物展、各國（族群）主題研究展	異國歌舞 SHOW	繞著地球跑	
臺北市社子國小（臺北市教育局 e 週報，2007）多元文化國際週	認識異國與其飲食文化	異國歌曲欣賞、多元異國美食展	異國風情電子有獎徵答（分高中低年級）	

　　新移民的「多元文化或國際日活動」的服務項目，未顯示在表 7-1 中的，往往還有醫療車進駐，有的縣市甚至還有機車考照、語言檢測等等。另外，外籍配偶學習成果的展示，也是大部分多元文化或國際日相關活動的特色。因為辦理單位，如學校或社教機構，平常就會辦理成人教育班或識字班、生活適應班等，有外籍配偶的參與，其活動或學習成果當然就成為展示的重點。

　　總之，新移民的「多元文化或國際日活動」，除了各式諮詢和醫療與通訊服務部分之外，多屬展演的內容。比較靜態的展示屬異國文物服飾展，動態的部分為各國美食展（試吃）、各國民謠與歌舞表演、服裝走秀、歌唱比賽、親子遊戲、才藝表演等，在歡樂氣氛下，著重在「差異」的展現。

(二)新移民多元文化或國際日之省思

　　根據以上所呈現的資料，發現嘉年華會式的新移民展演活動，為政府或

各單位以理解差異、關懷為名而舉辦，少有新移民的參與主導與規劃，以著重在「差異」的呈現為主，是一種他者主導的「差異」之展演活動，以下分別從「差異」與「主體性」兩方面討論之。

1.差異的多元文化展演

(1) 表相差異實質同化

「彩虹之美，在於多色共存；人生之美，在於多人共榮。」以「彩虹」來比喻多元文化，是個很討好的說法。辦理新移民多元文化展演的每個單位，都極力舉辦一個超越悲情，充滿健康、歡樂的嘉年華，有看有吃喝又有得玩，賓主盡歡。報導或新聞稿中，每每提到「差異性」、「多樣性」的體驗、瞭解、文化交流以及相互尊重等字眼，似乎是強調肯定差異的「多元觀點的多元文化主義」（pluralist multiculturalism）的實踐。

所謂「多元觀點的多元文化主義」，乃強調人類的「差異性」、「多樣性」，是現在多元文化主義的主流觀點。然而，此派傾向於把文化多樣性的議題化約為豐富文化風貌的存在，而未對權力結構的宰制和族群地位的不公進行批判，導致流於「一廂情願」或是「去政治化」困境（洪泉湖，2005）。

弔詭的是，這些活動多在政府與民間的經費資助下辦理，強調與「同化」相關的適應、融入以及融合等目的，就與「多元觀點的多元文化主義」之主張不一致，倒是比較像是「保守的多元文化主義」（conservative multiculturalism）。「保守的多元文化主義」重點在於相信主流團體的優越，認為弱勢團體之所以吃虧，乃是其缺乏與主流一樣的文化與價值觀，弱勢團體及其分子若要在主流團體中出人頭地（或者只混一口飯吃），就要學習和主流一樣的生活方式與價值觀。

嚴格說來，「保守的多元文化主義」不算是多元文化的觀點，因為對弱勢族群而言，這樣做會摧毀他們的文化。再者，同化於他人的結果不一定會獲得經濟與社會地位的提升（洪泉湖，2005）。

針對以上的同化訴求，陳伯璋（2009）提醒勿陷入多元文化的浪漫，在推展多元文化教育的過程中，需注意到是否有文化越位的現象，也要注意到是否要他人融入主流文化中，而失去對獨特文化的尊重，淡忘了人存在的意

義與價值。

(2) 淺層差異的認識

依邱琡雯（2008a, 2008b）對新移民展演活動的觀察，發現多屬表象程度的展演，類似嘉年華會式的活動常流於 3F，或王俊凱、張翰璧、張維安、王宏仁（2011）所稱的 3D 層次。所謂的 3F，是食物（Food）、服裝（Fashion）、節慶（Festival）的組合，3D 分別爲飲食（Dish）、服飾（Dress）、舞蹈（Dance）。

以上表象程度的展演活動，對於異文化的形塑有限，難以深化對異文化的真正理解，可能造成對差異淺層的認識。如此一來，不但無法達到彼此理解、尊重的目的，還可能會產生刻板印象，支持與辦理新移民展演活動者，對此一風險應該要有所認知。

爲避免活動流於膚淺，展演活動需要思及文化的深度，而食衣住行育樂皆是文化，林開忠（2006）認爲我們可以透過其中食物的研究，來瞭解人類行爲與文化的意涵。或者，透過「物」來促動深層記憶，確認一個事件或一段歷史（吳明季，2010），這也是另一種展演功能的發揮，可以增加對文化進一步的理解。

至於差異與尊重的關係，文化差異若只是流於奇風異俗之膚淺的蒐集與展現，或是洪泉湖（2006）所謂的「異族觀光」，這種對「不同」的關注，是無法達到尊重的目的；嚴春財（2007）認爲若不將差異置於歷史脈絡中來理解，做到的將只是表象的尊重。

陳伯璋（2009）提出了「新多元文化教育」的主張，希望能從尊重多元文化的層次進入對文化他者意義探究的層次，並釐清兩者之間的意涵，以舒緩主流文化與弱勢文化在驅逐與抗衡間的關係，並降低因政治正確目的而刻意營造對多元文化教育尊重的假象。

常常認識到差異，卻無法產生尊重，反而形成了刻板印象。另外，王俊凱、張翰璧、張維安、王宏仁（2011）觀察到國內推廣新移民文化相關單位所慣用「美食、跳舞、嘉年華、傳統衣飾、媽媽婆婆」的 3D 元素，本意雖是想透過新移民女性的展演將「異國文化」呈現於臺灣社會大眾眼前，但是往往讓社會大眾未能有深刻的體察，反而產生性別刻板印象。他們就發現，

有策展人雖然能夠突破異文化層次的展示，但還是難以脫離再現女性固守私領域／家的意象。此一發現，可與羅立芸（2009）對「移民新娘三部曲」的分析結果相印證，她認爲導演爲了破除既有媒體刻板印象而採取的詮釋手法，可能也反映出了本身對於新移民女性相關議題既有的刻板印象。亦即，策展者或拍攝者在性別、種族與階級上所占有的優勢，某種程度上也會影響其呈現新移民女性相關議題的方式。

對於有意識到需超越差異，避免產生刻板印象者都還是落入刻板印象之泥淖了，更何況是一般來「趕節」的群衆呢？

2.多元文化展演與主體性

多元文化展演活動的主題是新移民，但多爲政府或各單位以理解差異、關懷爲名而舉辦。新移民被列爲所謂的「弱勢者」，是被處理的對象，處於客體的地位，不被當作與決策者和主流團體同樣的身分（莊勝義，2009）。

因此，由當事人策劃，讓邊緣或少數有發聲的機會是必要的努力。針對此一現象，張翰璧、張維安、王宏仁、郭瑞坤、劉清耿（2010）建議讓新移民參與活動策劃，說自己的故事，爲自己代言。

讓新移民參與活動策劃，說自己的故事，爲自己代言，黃哲斌（2010）認爲這是一種弱勢或少數的發聲，亦即是所謂的「邊緣發聲」，爲社會邊緣或底層的弱勢族群，以第一人稱的主體視角，爲自己伸張意見，進而凝聚認同、爭取權益。有一群遠渡重洋、嫁入臺灣的婦女與自己的臺灣老公「共譜戀曲」，創作一張音樂合輯《跨海／牽手》。這是新移民透過音樂的集體學習、集體創作與發表，表達政治上或社會上主張，即是邊緣發聲的實例。

準此，多元文化的展示宜讓新移民有主動發聲或展示的機會。然而，以當事人爲策劃活動的主體可能陷入下列困境，值得注意：

(1) 滿足主流群體的想像

郭佩宜（2004）探討 Langalanga 人爲何認爲需要將貝珠錢製作過程納入文化展演，發現其與基於過往提供觀光服務的經驗，企圖營造觀光客想看的「傳統」等因素有密切關聯。

對於東南亞新移民展演而言，會安排服裝秀，以及美食品嚐中的食物種

類、展示的物品等，可能是策劃活動者為滿足主流群體的想像而安排的活動。另外，常在展演時調整食物的口味，雖常將之解釋為「融入」當地、「適應」當地的生活，但也有可能是滿足主流群體的想像之寫照。

(2) 新移民不一定知道故鄉事

很多的文化展演需要新移民的現身，才具說服力。然新移民並不一定能深刻瞭解故鄉的文化，不是來自哪一國者就能展演該國文化。由以下的例子可以得知：

> 因為是華僑後裔，所以成長背景和傳統的越南人也是有點不太一樣，有些風俗他也不是很清楚（邱琡雯，2009b）。
>
> 我住在南越，但前幾天到某大學演講，演講的內容是介紹北越、介紹河內與下龍灣，我也是臨時上網找資料的，其實我也不太知道……（麥女士）。
>
> 很多才藝都是在政府活動學習到的，好比……跳越南扇子舞……（邱琡雯，2009b）。

另外，東南亞國與國之間的文化表現非常相近，如泰國、寮國與柬埔寨的服飾有何不同，有時實在不易做出細緻區分，往往需諮詢新移民或由新移民主導，然而也需要注意「誤植」發生的可能。陳茂泰（1997，轉引自盧梅芬，2005）就曾發現在一場由原住民主導的特展中，有文獻誤植的情形（某部落的展演卻誤用到其他部落文獻作為文宣），此種情況不一定會發生在新移民的展演上，但確有引以為戒之需要。

(3) 服膺知識霸權而無自覺

來自東南亞的新移民，有些是精英分子、知識分子，有些較願意出來展演、較有機會發聲者，較容易有掌握主導展演活動的機會。尤其是若有展演由知識分子主導時，是否會流於學院派的思維，服膺知識霸權而不自覺？

盧梅芬（2005）曾提到「創造之旅特展」專刊的原住民編輯 Tom Hill 意識到，當他試圖使用或創造屬於原住民的評論與敘事方式來詮釋文物時，常無法逃脫西方思考模式的影響。他的掙扎透露出原住民觀點不一定就能免

除以歐美眼中來詮釋自己的問題。

由上可知，新移民觀點或新移民策展人不一定能適切地再現其文化，也不一定能呈現或等於有人情味與主體性的展示。當新移民掌握策展主導權時，宜謹慎注意不要陷入此一困境。

三 新移民子女的文化展演

多元文化活動、文化週或國際日，到底是誰的活動，誰的文化週、國際日？很明顯的是媽媽（或爸爸）的文化活動或文化週國際日。有老師向我表達：「很想不要止於母親文化的展示，希望能以學生為主體，展現出學生的特質。」我也呼應她的想法，一直以為應讓新移民與新移民子女的性質不同，應讓其擁有表達展示的空間。

然而，對新移民子女文化展演之前提，應該是在於新移民子女認定自己是誰，以及是否願意現身參與展演，之後才是策劃如何展演、展演什麼的問題。

(一) 新移民子女的認同

對雙／多族群者而言，在認定自己是誰時，有時充滿了衝突，有時是極為無奈。美國總統歐巴馬在定位自己的認同時，就充滿了衝突。他是黑白混血，其外表易被認定成黑人，但他又是由白人母親與外祖父母教養長大，故在其自傳《歐巴馬夢想之路——以父之名》（*Dreams from my father*）中，充分的表達其在黑與白認同上的掙扎，在高中階段，他決定「試著靠自己成為一個美國黑人，然後超越被命定的膚色」。

另一位名人老虎伍茲，在定位自己的認同時，就感到無奈。從外表看來他也被認定為黑人，但是他的曾祖父母輩中，有印地安人、歐洲人、非裔美國人、泰國人以及中國人，母親則為泰國人，因此伍茲自認為自己是個多族群性的人，至少是個「半黑半泰」（half-black and half-Thai）人，幾經說明後，報導還是寫著他是最偉大的黑人高爾夫球選手（Nash, 1999）。

關於新移民之子女的認同，李國基（2008）以 7 名小學生為研究對象，

從認定（排斥）父或母方兩個向度來界定認同，結果一個人一個樣，7 個小朋友就有 7 個樣。由此可知，新移民子女的認同是多元的，是高度流動的。

(二)展演與現身的關係

認定我是誰，願意說出我是誰，是展演者參與與否的前提之一。然而，傳承自上一代的身分認同，有人會現身，但有人想隱藏。

1.隱藏

Chan（2003）是中國大陸旅居加拿大的第二代華人，憶起自己兒時求學時，雖然自己黃皮膚，與父母親在家是聽京劇，用筷子吃飯，但是一走出家的大門，她的思想、風格以及語言都與同儕沒什麼不同，她也不喜歡突顯自己與同儕不同之處，只想混雜在同儕之中。Chan 也見證到一些更甚於她情況的例子，例如改為洋名，或者不吃他雙親愛吃的家鄉食物，以拉近與同儕的相似度等，為的就是避免孤立。等到大學畢業後修習教育學程，接觸到多元文化教育的課程，並前往加拿大多倫多市區的一所多種族小學實習時，才開始省思突顯或隱藏自己身分認同的適切性。Chan 的長相與其主流社會不同，都想辦法不被突顯了，那麼外表與所謂的臺灣人差異不大的新臺灣之子呢？

2.現身

現身，願意說出自己是誰，是一種自我肯定的表現，站在多元文化精神的實踐上，是需要鼓勵的。近幾年來，臺灣在原住民族委員會、客家委員會的成立之下，對於臺灣之原住民與客家人的現身有很大的鼓勵與支持作用，使更多人更樂於說自己是原住民、客家人。

曾經有一個小學一年級的小朋友對我說：「阿姨！我是泰雅族。」堅定的語氣，令我印象深刻。倒是接下來的「你是哪一族？」這一問，倒讓我不知所措。出身於臺東卑南族的歌手胡德夫也表示，令他最高興的是，一回看到原住民小孩在溪流游泳，很有信心地說：「我們原住民 …… 」，他認為這種改變「是原住民整體的成就」（何定照，2009）。

再者，2011 年的暑假在彰化市某個場合提及有關福佬客的話題，會後就有老師表示，他住永靖鄉（是彰化縣福老客主要聚落）也在永靖鄉教書，再過幾天他就要去參加客語認證的考試了，從言談中感受到他的喜悅與驕傲。

總之，珍視與尊重自己與他人文化是多元文化的基本立場之一，自己與他人的不同處正可以彰顯自己的特色，而多元文化的展演活動正是彰顯認同及其特色的場域。

3.新移民子女的現身

關於新移民女性的願意現身並進而參與展演的情形，邱琡雯（2009a）的研究發現，展演平臺的提供、個人資質（如語言流利）、個性開朗活潑、得到夫家支持等是重要因素。

至於其子女的現身方面，目前還是處在不要太刻意突顯新移民子女的身分認同的氛圍，也有可能因為新移民子女的文化認同難定，不太找得到針對新移民子女之文化展演情形的資料，倒是父或母親帶著小孩一起現身或展演的例子比較常看到。

邱琡雯（2009）提到多位有展演經驗的新移民女性表示，透過帶子女參加她們在公共空間的母文化展演，積極幫小孩準備越南服一起走秀，讓孩子從小就有機會接觸母親的文化，以免因外界的眼光或評價而產生排斥。

就我個人的接觸，所遇到新移民子女現身的零星例子，包括 99 年臺中縣新住民文化博覽會中賣「越南千層糕」的攤位上，越南籍媽媽帶著自己就讀小學的男孩販賣著千層糕，小孩負責收錢，在介紹產品時，也表現得落落大方。

值得一提的是，在義守大學於 2010 與 2011 年所舉辦的兩屆新移民之美攝影展之得獎作品中，看到不少新移民家庭生活與其子女的影像。該攝影展的徵件對象分為「社會組」、「新移民組」、「學生組」三組，兩屆新移民組獲獎的照片中，新移民子女出現的影像比例都是三組中最高的。

在第一屆新移民組的得獎錄取 15 名，得獎作品中有新移民小孩出現之照片有 9 張，占得獎作品的 60%，若加上其中拍攝越南小孩在越南生活的情形（不能確定其是否有臺灣之血緣）3 張，則共占該組得獎作品的 80%。在

第二屆新移民組的得獎錄取 24 名，得獎作品中有新移民小孩出現之照片有 18 張，占得獎作品的 75%。第二屆作品中就有同一新移民拍攝者獲獎的兩張照片，分別是媽媽與一子一女穿著泰國服裝在舞臺上走秀，另一張是一子一女穿著泰國服裝準備表演。

即使新移民組獲獎的照片中出現新移民子女的影像比例高，但是還無法斷定新移民願意讓自己的子女曝光，更無法用之類推至新移民子女本身願不願意現身。

(三) 以福佬客的文化展演作為新移民子女展演的參考架構

福佬客和新移民子女都是一種「混合體」（hybridity），都面臨是否需要或願意突顯的討論，然其認同，本質上在細緻處還是有所不同。即使如此，本文還是嘗試以臺灣的福佬客之文化展演為參照，來思考新移民子女展演的可能作法。

1.福佬客的認同

羅肇錦（2004）認為福佬客的認同可能從外表上看不出來，從語言上也沒辦法區別，只能從如拜「三山國王」等信仰方面，以及追溯自己的祖源等方面來認定。以此來看，新移民子女與福佬客類似，也很可能從外表看不太出來，從語言上也不一定有辦法區別你我，能顯現差異的大概只剩下追溯自己父方和母方的祖源了。

施正鋒（2004）對有「客底」（客家血統）者，從主觀認定、血統和語言三個向度來探討其認同，當然其組合會比上述 7 個新移民之子的樣態來得多，有 8 種可能，其中有「客底」卻自認不是客家人、不講客家話者稱為「福佬客」。

彰化縣是個福佬客的聚居地，員林、永靖等鄉鎮的漳州腔中有「eng」音（俗稱永靖腔），被用來作為是客家人的例證（涂文欽，2012），然而還是有許多住民不能確認自己是否是客家人。例如鄰近的大村鄉茄苳村，從文獻上有證據認定該村是個福佬客聚落（彰化縣文化局，2005），但是村民多認定祖先是來自福建漳州，倒是不否認族群通婚下可能有客家的血統。以此

新移民的原生文化與在地適應

觀之，此種情況比較傾向於「主觀認定不是客家人，有客家血統，不會說客家話」一項。

2.福佬客的文化展演

近年來行政院客家委員會因對於福佬客現象的關注，而舉辦了一連串的文化活動，自 2001 到 2004 年，雲林、彰化二縣都連續三年舉辦「福佬客文化節」的活動。

雲林縣 2003 年舉辦「相約在雲林」的福佬客文化節活動，內容包括「認識福佬客座談會」、「福佬客文史研習暨聚落探勘」、「彩繪燈籠福佬客」、「我愛福佬客徵文活動」、「福佬客客家歌謠演唱」、「福佬客美食嘉年華」以及「福佬客文物器具展」、「親子陶土」等。

彰化縣 2004 年的福佬客文化節之活動內容為：上午是福佬客庄導覽，訪問員林鎮東山里的江宅；下午則舉辦兩場座談會，分別請學者專家針對「從彰化平原福佬客現象談臺灣族群認同」與「從福佬客認同談臺灣認同的流動性」兩個議題發言，並回應與會聽眾的發問。

由上可知，雲林縣 2003 年所辦的福佬客文化節之活動與新移民的多元文化日，都是朝博覽會、園遊會、嘉年華的方式舉辦，活動力求多樣性，將吃喝玩樂置入活動中。而彰化縣 2004 年所聚焦的客家庄導覽與座談會兩項，在雲林縣 2003 年的福佬客活動中也都有所包括。

「村庄導覽」與「座談會」兩項活動，比較少見諸於新移民的多元文化活動中。「村庄導覽」有點類似後代的尋根活動或者古蹟巡禮，或者他者透過參觀訪問而更瞭解住民的文化；而舉辦「座談會」，王俐容（2006）認為是希望經由不斷的對話方式，讓更多人接受多重認同的概念。

3.新移民子女展演的可能作法

福佬客文化節給建構新移民子女展演可能作法最大的啟示，應該就是在於其「村庄導覽」與「座談會」兩項活動。

除了歡樂的嘉年華外，可以透過新移民子女父或母的國家進行參訪，以更貼近某國或某地區的文化。關於村庄導覽方面，目前有一些地區有高比例

的外籍配偶居住，也可以思考展示其生活方式的可能性。但整體而言，對新移民子女的展演是否能夠深刻、精準掌握，都是比較難以預測及評估的。

至於新移民子女「座談會」的舉辦，開設一個讓新移民子女願意現身與公開論述自己身分認同的平臺，雖然比較無趣，但是絕對有其必要，唯有透過不斷的論述與對話，讓更多人討論進而接受多重認同的概念。能夠接受多重認同的人多了，將有助於族群關係的和諧。

（四） 結語

本章從「差異」的概念出發，透過不同時空下對人際間「同」與「異」的接受程度，來理解展演與多元文化關係。目前，比較能夠接受「差異」的觀點，且希望透過展演來瞭解不同文化背景、促進文化交流。

然而，在探討目前所辦理的新移民文化活動後，發現差異的展演是一種達到同化與融合的手段。許多學者（或說是觀察者）都發表對差異的展現過於表象與膚淺，無法達到深層文化認識目的的言論，有時更會因為淺層的認識而產生刻板印象而不自知，在這種情況下是無法使展演達到相互尊重、族群和諧的功能。

另外，就是新移民在新移民文化活動中，似乎少見到其主體性，若能由新移民自行進行差異展演的籌劃，可能就不至落入主流團體同化思維的規劃與展出。然而，這也只是個「可能」，即使由新移民掌握活動的主導權，也有可能為滿足主流族群的想像、自身的專業知識或文化深度未到位，以及吸納主流族群或西方的知識霸權，而使得展演出的情形也與主流族群操控下之展演並無二致。

最後，從新移民的展演轉至新移民子女議題的討論，活動即使是稱新移民親子活動，但實質上所重視的仍是新移民差異的文化展演，那這些小孩（有的已長大成人了）的展演呢？有必要進行他們的展演嗎？要如何進行展演？由於雙／多族裔的特性，都使得以上的問題比他們新移民父或母本身來得複雜。

本文僅以臺灣福佬客的展演為例，來思考新移民子女展演的可行途徑。

福佬客的展演內容比較特別的是比一般嘉年華會多了類似「古蹟導覽」的活動以及座談會的舉辦。「古蹟導覽」之類的活動是讓參與者更貼近與瞭解某群人的生活方式，若是新移民及其子女有聚居現象且願意展演，始有可能進行。相對而言，座談會的舉辦就有其必要了，只不過座談會不宜以學者的論述為主軸，應將之當成對話的平臺，透過對話來掌握自己的認同與考慮現身及展演的意願。

總之，在一個族群關係寬鬆包容的情境中，大家就願意說出自己的族群認同，雙／多族裔者願意承認自己雙／多族裔的傳承，多元文化展演活動應掌握此一原則，不以展現淺層的差異為滿足，才有作為促進族群關係和諧的推進機制的可能。

問題思考

一、展演活動能發揮什麼樣的多元文化功能？

二、如何辦理兼具深度與趣味性的新移民多元文化展演活動？

三、假如新移民子女要進行展演活動，可行的作法是什麼？

參考文獻

一、中文部分

蕭翔鴻譯（2006），Dean, D. 原著。展覽複合體：博物館展覽的理論與實際。臺北市：藝術家。

王耀輝、石冠蘭譯（2008），Obama, B. 原著。歐巴馬夢想之路——以父之名。臺北市：時報文化。

王俐容（2006）。多元文化的展示與族群關係：以文化藝術節為例。載於劉阿榮主編，多元文化與族群關係（頁 83-106）。臺北市：揚智文化。

王俊凱、張翰璧、張維安、王宏仁（2011）。性別化的新移民展示政治：關於國內策展的反思。博物館展示的景觀。臺北：國立臺灣博物館。頁 33-352。

吳明季（2010）。以原住民部落社群觀點，談國立博物館與部落社群合作之行與不行。返景入深林：理論與實踐研討會——以博物館之名，搞文化行動之實：「行」與「不行」圓

桌論壇案例一資料。臺灣社會學會籌備會。臺北市：世新大學。

李國基（2008）：東南亞外籍配偶子女雙族裔認同之研究。國立屏東教育大學教育行政研究所博士學位論文，未出版。

何定照（2009 年 2 月 6 日）。回首匆匆胡德夫放歌滿座淚流。聯合報，A9。

林開忠（2006）。跨越越南女性族群邊界的維持：實務角色的探究。臺灣東南亞學刊，3(1)：63-82。

周何主編（1992）。國語活用辭典（2 版 4 刷）。臺北市：五南。

施正峰（2004）。嘗試瞭解福佬客現象。載於彰化縣政府編，2004 臺灣福佬客座談會手冊（頁 25-29）。

洪泉湖（2005）。臺灣原住民教育中的教師問題研究——以臺東縣原住民地區國中為例。臺北市：師大書苑。

洪泉湖（2006）。臺灣原住民族的文化產業與休閒觀光之互動——以茶山部落為例。載於劉阿榮主編，多元文化與族群關係（頁 125-156）。臺北市：揚智文化。

許功明（2004）。原住民藝術與博物館展示。臺北市：南天。

郭佩宜（2004）。展演「製作」：所羅門群島 Langalanga 人的物觀與「貝珠錢製作」展演。博物館學季刊，18(2)：7-24。

郭瑞坤（2010）。博物館與文化包容性——從社會文化的賦權談新移民議題的可能性。「當地方遇見博物館：臺灣經驗與跨文化視野」學術研討會論文（頁 187-201）。宜蘭：縣立蘭陽博物館。

莊勝義（2009）。從多元文化觀點省思「弱勢者」的教育「問題」與「對策」。教育與多元文化研究，1：17-56。

張翰璧、張維安、王宏仁、郭瑞坤、劉清耿（2010）。讓流動的生命說故事——當博物館遇見新移民。「當地方遇見博物館：臺灣經驗與跨文化視野」學術研討會論文（頁 167-184）。宜蘭：縣立蘭陽博物館。

黃哲斌（2010/10/17）。黑手那卡西，協助底層發聲。中國時報，A10 版。

陳伯璋（2009）。當前多元文化教育實踐與省思——兼論新多元文化教育的可能。教育與多元文化研究，1：1-16。

楊聰榮（2004）。從福佬客談臺灣族群分類結構。載於彰化縣政府編，2004 臺灣福佬客座談會手冊（頁 30-33）。

臺中縣政府（2010）。臺中縣 99 年終身學習及多元文化博覽會暨學習楷模表揚大會大會手冊。

彰化縣文化局（2005）。彰化縣客家族群調查。彰化市：彰化縣文化局。

賴志彰（2004）。從福佬客談臺灣族群之認同。載於彰化縣政府編，2004 臺灣福佬客座談會手冊（頁 7-8）。

盧梅芬（2005）。人味！哪去了？博物館的原住民異己再現與後殖民的展示批判。博物館學

季刊，19(1)，65-77。

譚光鼎（2010）。鄉土文化教育。載於譚光鼎、劉美慧、游美惠編著，多元文化教育（頁201-234）。臺北市：高等教育。

羅立芸（2009）。紀錄片對新移民女性議題的再現與詮釋：以「移民新娘三部曲」為例。國立政治大學廣播電視研究所 2009 年年會論文。

羅肇錦（2004）。從福佬客認同談臺灣認同。載於彰化縣政府編，2004 臺灣福佬客座談會手冊（頁 22-24）。

嚴春財（2007）。阿里山鄒族教育觀：從傳統到現代的轉變。國立嘉義大學國民教育研究所博士論文，未出版。

二、英文部分

Berscheid, E. & Reis, H. T. (1998). Attraction and Close Relationships. In D. T. Gilbert, S. T. Fiske, & G. Lindzey (Eds.), *The Handbook of Social Psychology* (4th ed., pp.193-281). New York: McGraw-Hill.

Chan, E. (2003). Ethnic identity in transition: Chinese new year through the years, *Journal of Curriculum Studies*, 35(4), 409-423

Schofield, J. W. (2007). The colorblind perspective in school: Causes and consequences. In J. A. Banks & C. A. M. Banks (Eds.), *Multicultural education: Issues and perspectives* (6th ed., pp.262-287). New York: John Wiley & Sons.

Nash, G. B. (1999). *Forbidden Love: the secret history of mixed-race America*. New York: Henry Holt and Company.

三、網路資源

內政部（2011-08-10）。外籍配偶生活適應輔導實施計畫。2011 年 8 月 18 日下載自 http://www.moi.gov.tw/chi/chi_inforeport/inforeport_detail.aspx?sn=68&type_code=&pages=0。

行政院客委會（2004）。福佬客文化節──主委的話。2011 年 8 月 14 日下載自 www.ihakka.net/fulao2--4/main_1.htm。

孟憲騰（2007）。南投新移民學習中心舉辦母國文化日活動。2007 年 6 月 21 日下載自 http://www.epochtw.com/7/5/28/56521.htm。

邱琡雯（2007/04/05）。新移民女性的角色。自由時報。自由廣場版。2011 年 4 月 18 日下載自 http://www.libertytimes.com.tw/2008/new/apr/5/today-o5.htm。

邱琡雯（2007/04/24）。國際理解教育。自由時報。自由廣場版。2011 年 4 月 18 日下載自 http://ceag.ylc.edu.tw/xoops2/uploads/tad_uploader/2738_自由時報-2.doc。

邱琡雯（2009a）。新移民女性的現身至展演。2011 年 8 月 19 日下載自 http://hss.edu.tw/express doc detail.php?doc id=109&plan title=express format id=。

邱琡雯（2009b）。新移民女性對展演母文化的經驗詮釋。網路社會學通訊，78 期。2011 年
　　8 月 19 日下載自 http://www.nhu.edu.tw/express/~society/e-j/78/78-02.htm。

苗栗縣政府（2005）。中華民國 94 年苗栗縣國際日——多元族群嘉年華活動。2011 年 8 月
　　23 日下載自 http://www.miaoli.gov.tw/cht/newsview_snyc.php?menuID=1088&forewordID=
　　101616&secureChk=46aad1d2631088249c3091e774。

教育部國教司（2011）。新移民子女教育改進方案。2011 年 8 月 1 日下載自 http://www.edu.
　　tw/files/news/EDU02/新移民子女教育改進方案.doc。

教育部社教司（2011）。發展新移民文化計畫。2011 年 8 月 1 日下載自 http://epaper.edu.tw/
　　e9617_epaper/topical.aspx?topical_sn=150。

新竹市政府（2006）。新移子女教育輔導計畫——國際親子日活動。2007 年 6 月 21 日下
　　載自 http://fcu.org.tw/~ju/teacher/95bActive/national/national.html。

新唐人（2010）。新移民新春圍爐——大人小孩兩樣情。2011 年 8 月 1 日下載自 http://www.
　　ntdtv.com/xtr/b5/2010/02/07/atext390784.html.- 新移民新春圍爐 — 大人小孩兩樣情 .html

楊梅國小（2007）。桃園縣楊梅國小 95 學年度多元文化週活動一覽表（96.5.21-96.5.25）。
　　2007 年 6 月 21 日下載自 http://web.emes.tyc.tw/board/uphold/ 多元文化週 .doc。

義守大學（2011）。第二屆「新移民之美攝影比賽」得獎名單。2011 年 8 月 23 日下載自
　　http://iscd.isu.edu.tw/upload/iscd/1/isu3/html/index.htm。

義守大學（2010）。新移民之美攝影比賽得獎名單。2011 年 8 月 23 日下載自 http://iscd.isu.
　　edu.tw/upload/iscd/1/isu3/html/index.htm。

臺中市政府（2006）。新移民聯誼歡度健康國際日。2007 年 6 月 21 日下載自 http://publish.
　　lihpao.com/Education/2006/10/16/0404/index.html。

臺中市政府（2008）。臺中市 97 年度新移民文化交流暨母親節聯歡活動。2008 年 5 月 16 日
　　下載自 http://www.tccg.gov.tw/sys/msg_print/ts=47ff027a:5da6。

臺北市吉林國小（2007）。3/5-3/9 新移民多元文化週活動。2007 年 6 月 21 日下載自 http://
　　www.clps.tp.edu.tw/vschool/ButtetinDetail~asp?Bulletin td=10825。

臺北市教育局 e 週報（2007）。多元文化國際週，洋溢異國風情。2007 年 6 月 21 日下載自
　　http://news.tp.edu.tw/paper_show.aspx?EDM=EPS200703081044196G20。

劉嘉韻（2007）。2011 年 6 月 21 下載自 http://news.yam.com/cna/garden/200701/
　　20070122865674_html。

慶正（2009）。國際移民日千人健走，募集 2010 新年心願。2011 年 8 月 1 日下載自 http://
　　udn.com/NEWS/DOMESTIC/DOM4/6482992.shtml。

涂文欽（2012）。粵籍移民在彰化縣的分布及其語言特色。2012 年 12 月 05 日下載自 http://
　　www.ntcu.edu.tw/ogawa/history/6th/6-3.pdf。

第 8 章

論東南亞新移民
家庭的生活適應
與福利提供

李麗日

前言

　　98 與 99 學年度，研究者與臺中教育大學數名教師所組成之教學團隊，獲得教育部為期兩年之經費補助，得以參與「推動新移民之原生社會文化公民與人權及健康醫療教學發展計畫」中之推動「新移民教育文化學程」一案，並於此學程中擔任子計畫四「新移民家庭生活適應與學習」之協同主持人角色，除必須於校內開設課程進行實際教學外，並需於第四個學期將教學期間所彙整之資料編撰為教材，此為本文撰寫之背景因素。本章之內容，除參考相關文獻進行整合外，許多深度訪談紀錄與機構參訪紀錄，乃為教學期間，多次帶領學生拜會各類型新移民服務機構、邀請機構工作人員、新移民與其家人至課堂上經驗分享，並透過機構之引薦與新移民家庭成員面對面會談所獲得之第一手資料。期望透過文獻與田野調查資料之相互對應，讓讀者能更深刻理解並體會新移民家庭所面臨之生活適應問題，及對相關福利提供之需求。

學習目標

一、瞭解新移民及其家人可能面臨之生活適應困擾

二、瞭解新移民及其家人可以運用之社會福利服務資源

三、透過同理感受，體驗新移民家庭所面臨之問題，並能適時提供協助

四、提升對多元文化與族群的接納、欣賞、包容及尊重的態度

本文主要區分爲兩大部分，首先論述臺灣的東南亞新移民家庭在生活上所面臨的適應問題，其次說明現今政府當局針對新移民家庭所提供的福利服務措施，其內容陳述如後。

一 東南亞新移民家庭的生活適應問題

任何一個新家庭的組成，都需要有相當時間的磨合與適應期，方能漸入佳境，更遑論新移民家庭，除了一般性的婚姻適應困擾外，還涉及生活適應、文化差異、種族認同、社會接納等各類型的新移民議題，其辛苦與心酸的箇中滋味，非一般人所能體會。其中尤其以離鄉背井、隻身進入一個風俗、文化、語言截然不同之陌生國度的外籍配偶，必須面對的困擾更是複雜。以下爲透過文獻整理與研究者與新移民家庭的實際接觸經驗中，所彙整出的東南亞新移民家庭常見的生活適應困擾。

(一)外籍配偶需因應生活習慣、語言、食物等文化差異

新移民在跨國生活中，必須面對新的國情與文化差異，其中以文化的差異性，最影響跨國婚姻的適應。當然所謂的文化差異包含甚廣，舉凡風土民情、溫度氣候、生活習性、人際相處、價值觀念、需求喜好、風俗禁忌、節慶宗教等，皆與之相關，但其中最直接反映在生活上的就是語言、食物等現實問題了（呂靜妮、李怡賢，2009；陳燕禎，2008；張雪君、劉由貴，2010）。

語言是外籍配偶與外界溝通的最基本工具。陳燕禎（2008）在針對 21 名桃園縣東南亞新移民的研究中指出，語言幾乎是新移民女性來臺後，生活適應上的最大壓力，語言的障礙影響他們與夫家相處的關係，因此語言的能力與學習狀況，成爲夫家接納的評估指標。由於缺乏語言能力，因此無法向外尋求支持網絡，無法單獨外出，幾乎都關在家裡，失去識字能力，也就失去了世界。事實上許多外籍配偶在本國時，也曾針對語言預先學習，但效果往往不佳，來自越南的 F1 便表示初來臺灣時面對的第一個困擾就是無法與人溝通，造成很多生活上的不便。「就是過來這邊（指臺灣）啊，就是有很

多的人說我們聽不懂臺灣的話，就是我們那邊那個老師，就是大陸的嘛，他教那個我們國語，就跟臺灣不一樣，就是那個音，發音的就不一樣，結果我過來這邊，我完全聽不懂人家講什麼……」（F1，越南籍妻子，深度訪談紀錄）

　　飲食習慣的不同與口味上的差異，也是外籍配偶在日復一日的日常生活中，天天要面對的困擾。林開忠（2009）指出食物是移民的一種認同標誌，當新移民女性透過跨界婚姻來到臺灣，在與臺灣人不同的味覺與食物的接觸下，他們各自的家鄉菜，便成為他們最主要的一種文化與族群的認同標誌。也因此，在文化適應的過程中，個人很難在很短的時間內改變其對過往食物與味道的堅持，飲食習慣通常是移民或少數民族最後才會放棄的一項文化傳統。然而相對於臺灣，東南亞諸國的飲食習慣多偏重酸、鹹、辣等重口味，特別是外籍配偶最愛的調味料如魚露、辣椒、胡椒等，常無法為其臺灣的家人所接受，外籍配偶往往必須被迫放棄自己的口味，改而強迫自己去適應臺灣先生的家庭食物口味。

(二)無感情基礎的婚姻造成不和諧的夫妻關係

　　許多的研究顯示，新移民家庭中的夫妻雙方，婚前常缺乏長時期的交往過程，僅透過婚姻仲介的介紹，在很短的時間內便倉促完婚。沒有感情基礎的婚姻由於婚前認識不足，雙方對彼此的個性習慣皆不瞭解，對婚姻的認知與期待不一，加上仲介居中誇大不實的描述，造成婚後期待與實際狀況的落差，皆是造成夫妻相處不易的原因。此外，在異國婚姻中，外籍配偶的生活適應問題、夫妻雙方年齡上的差距、其他家人的態度、新生子女的報到等各類狀況，往往更增添了婚姻適應的難度。

　　無感情基礎的婚姻可由H1在回憶起結婚的過程時所做的描述得到證實：「我們是仲介帶我們過去的，大概過去一個禮拜的時間就開始選對象啊，就是從這個鄉下不喜歡，可能就到另外一個鄉下，就是一直看啊，看到自己喜歡的還是自己感覺說滿意的對象。時間很趕啊，只有一個禮拜的時間，你光看可能就要花兩三天，那你結婚還要照相、還要婚紗，還要準備一些東西嘛……就是儀式先完成，像我們這邊請客啊，就是說一些禮儀啊什麼，我

們結婚那些禮數啊,用完了,他們(仲介)會去補辦一些結婚手續 …… 他們還會叫我說,你先回來等兩個禮拜,兩個禮拜他辦到一個階段,會再叫我過去簽名 …… 兩個禮拜後他跟我說,你大概等兩個月,你太太就會坐飛機過來了。」(H1,臺灣籍先生,深度訪談紀錄)

F6 在訪談時則表示,由於仲介的欺騙,原來以爲臺灣生活蠻好的,想不到一到臺灣家就被先生家的破舊髒亂環境給嚇到。「仲介也會說謊啊,在這裡打工的,他們也是說在這裡是老闆啊、做生意的之類啊 …… 其實講真的,來臺灣的第一天第二天我就嚇到了,因爲我們住在那個 XX 市場樓上嘛,因爲他是單身嘛,家裡蠻亂的,啊家又很小,奇怪臺灣人爲什麼住房子都這樣,沒想到爲什麼(住得那麼糟),第一天我來這裡,真的,我真的就搖頭了。」(F6,越南籍妻子,深度訪談紀錄)

(三)外籍配偶孤立的人際網絡資源與封閉的生活圈

社會網絡的基本概念是指個人與外界接觸所形成的人際網絡,透過與網絡中的人群接觸,個人維持身分,並獲得情緒、物質、訊息和新事物接觸之機會及支持服務,所以,社會支持網絡理論主要重視個人與環境之間的互動關係,補強個人與外在系統互動時所出現失衡與失調的環節(陳燕禎,2008)。整體而言,新移民家庭,尤其是其中的外籍配偶,由於隻身來臺,人生地不熟,加上語言表達不佳,一般而言與外界接觸之機會較少,孤立的人際關係與封閉的生活圈,常常讓外籍配偶心生孤寂。F4 描述自己初來臺灣時的寂寞:「那時候沒有朋友啊,沒有相處,語言不通,不知道要跟誰講話,先生要上班又沒有辦法跟他講話,就看電視,然後就想到一個心情,可以去頂樓,樓下不能去,因爲沒有鑰匙 …… 然後就上去,然後想來想去,看那個天上的星星跟月亮。」(F4,束埔寨籍妻子,深度訪談紀錄)

臺籍家人在外籍配偶的人際關係中扮演著重要的角色,有些家庭不僅未能勝任支持者的功能,反而會刻意的隔離或限制外籍配偶的人際關係,使得其人際網絡只能繞著家人打轉,根本沒有開拓個人人脈的機會。陳燕禎(2007)研究指出,新移民女性配偶要在臺灣交朋友,通常需要通過其丈夫過濾後才可以交往,其家庭和社區關係呈現封閉式互動系統。

　　娘家人的支持，對外國籍妻子應是最好的非正式支持系統，然而家人遠在異國，常常只能靠電話一慰相思，有時更因為報喜不報憂的心態，讓外籍配偶只能自吞苦水，以免讓家鄉的父母擔心。F6便說：「他們（指父母）知道我很辛苦，可是我的心這裡面（的苦），他們不知道。」（F6，越南籍妻子，深度訪談紀錄）

　　來自於同鄉的友人，也常是外籍配偶尋求慰藉的對象，然而同鄉間的相互比較心態，卻也使得許多的外籍配偶為之卻步，寧可關起溝通之門，自嘗孤寂。F1原本在學校上課，就是因為受不了同鄉間的相互比較，便自行輟學了。「大概過去讀讀兩個禮拜，我就不去讀了 …… 她們就笑我，她（指同學）就說妳過來怎麼樣，嫁老公嫁到這樣子，幹嘛拿老公的衣服穿，醜死人了，給我嘛我也丟掉，我不要穿什麼的，聽起來就很難過的那一種。」（F1，越南籍妻子，深度訪談紀錄）

(四)外籍配偶在家中不被尊重地位低落

　　父權社會中媳婦在家中的地位原本就低，再加上夫家自我中心的種族優越感作祟，及商品化婚姻後所衍發的物化外籍配偶之觀念影響，女性外籍配偶在家中的地位常未受到公平對待，不但不受尊重地位低落，還常成為家中勞務工作的主要提供者，行動、自由處處受限，在家中的決策過程中，難有發言、參與或下決定的機會，更被賦予傳宗接代、照顧老小、協助家計等任務。F6在描述她所觀察到的臺越跨國婚姻時，心酸的指出臺籍先生對越籍太太常有的態度：「你可以娶她過來，可是你很像看扁她，怎麼看都是很像（對待）一個玩具這樣子，就是用錢買的嘛，啊來了就生小孩，（娶）進來就什麼都不管了，我看來臺灣人對越南人就是這樣子。」（F6，越南籍妻子，深度訪談紀錄）

　　新移民家庭是來自不同文化體系之兩個人的相互結合，然而當家庭中兩股文化交集衝突時，女性外籍配偶常被要求要融入臺籍家庭，而臺籍家人卻鮮少看到有學習外籍配偶母語、使用外籍配偶文化傳統與生活習慣者，文化比較上的強弱勢差異，也突顯了女性外籍配偶在家中的弱勢地位。馮涵棣、梁綺涵（2009）在比較臺越的跨國婚姻與一般歐美國家的移民現象中發現，

有別於歐美家庭式甚或是家族式的移民方式，遷移臺灣的越南移民皆是形單影隻的移動，一位女性獨自移入一個完全陌生的既存家庭、家族、社會環境，顯得勢單力薄。加上臺越婚姻中臺灣丈夫傾向年長女方甚多，年齡差距加上「溫柔婦德」與「男性氣概」的性別想像，看似新潮流產物的跨國娶親，其實暗藏傳統「權力 vs. 順從」夫妻關係之預期。

對家庭的「經濟貢獻度」也常對家庭地位有所影響。林開忠（2009）指出理論上家庭的決策權跟個人在家庭經濟中扮演的角色成正比。女性外籍配偶在家中雖然擔負了繁重的家務工作，但因為沒有實際金錢收入，其經濟上的弱勢，使得她們在家庭決策上都缺席，譬如家庭開銷分配、儲存與投資、買房子或搬家，以及購買消費物品等。林美媛、郭麗安（2010）也指出東南亞跨國婚姻的女性，往往期待能因為就業，扭轉丈夫或夫家人歧視的態度，婚姻位置能向上移動，但往往因為只能找到屬於勞力或照顧性等低收入的工作，在無法改善其經濟資源的情況下，談及改變婚姻位置，顯得無能為力。

（五）親職教育與新移民子女表現之相關問題

新移民家庭中最常被討論到的子女教養議題就是新移民母親的教養能力了。李麗日（2007a）指出由於新移民家庭很多在婚後短時間內便生育下一代，父母雙方對於親職教育的角色尚未做好充分的準備，教養能力不足，加上適應問題尚未解決，因此在育兒過程中倍感壓力，這樣的壓力透過親子互動的過程，極可能對子女的身心發展產生不良的影響。馮涵棣、梁綺涵（2009）在針對 7 個居住在大臺北地區的臺越跨國婚姻的家庭進行追蹤觀察時亦指出，7 個外籍媽媽的先生都認為母親是孩子最主要的養育者與教育者，但同時也都對越南妻子的語言能力與教養能力有疑慮，並有所要求。

其實不僅是學者專家、社會大眾或是新移民家庭中的臺籍配偶對外籍配偶的教養能力有所憂慮，許多新移民女性本身對自己的教養能力也充滿了恐慌感。李麗日（2007b）在針對 15 名東南亞籍及大陸籍跨國婚姻的結婚當事人的訪談中發現，外籍媽媽對孩子的教育問題常感焦慮，除了擔心是否有足夠的經濟能力提供子女未來的教育外，對如何教育子女本身也認為是一個值得擔心的問題。究其原因，多半是因為害怕自己的語言能力不足、發音不標

準、無法正確的教導孩子、無法跟得上學校的進度、怕孩子輸在起跑點等。

由於擔心新移民家庭雙親的教養能力，延伸而來的問題就是新移民家庭子女的表現了，許多學者在此點上皆提出了他們的憂慮。藍佩嘉（2008）認為臺灣社會多視家務移工為風姿綽約的僕人，卻非合格的配偶；視婚姻移民為多產的新娘，卻非稱職的母親。這些欠缺中產階級主流文化與語言能力的外來媽媽，只會「生」「養」，卻不會「教」，不但可能影響下一代之發育與學習，「純正」的臺灣文化與語言還可能受到威脅與污染，臺灣未來人口素質與國家競爭力堪慮（轉引自林開忠，2009）。

新臺灣之子表現是優是劣，其實相關研究中並沒有一致性的看法，但新移民之子由於生長於新移民家庭，所面臨的適應與挑戰確實較為多元複雜，是不爭的事實，故對其教育學習與適應等問題之因應，確實應多予以關注。黃素惠、徐偉培（2008）便指出，新移民家庭的子女在進入中小學就讀後，在教育上可能面臨的適應問題包括以下七點：(1) 文化適應的差異；(2) 社經地位傾向偏低，適應也較不如預期；(3) 教養態度不一，易引發衝突，引起適應不良；(4) 同儕關係調適較弱，學習適應不好；(5) 整體的學校學習適應的困難；(6) 社會汙名化的歧視，日後生活適應備加困難；(7) 多元文化仍待提升，讓新移民子女適應力提高。社會各界應對以上問題予以重視並早做防範。

(六) 不友善的社會環境與不公平的負面標籤

陳燕禎（2008）指出，全球移民經濟已是普世現象，移民社會要能成功，必須將移民者視為資本、資源，政府和民間社會都必須以積極心態面對新移民的權益問題，跳脫本地主流文化的壓迫系統和排擠歧視。然而就如同許多其他學者的研究結果一般，陳燕禎的研究亦發現，國內居民仍未能接受新移民，其原因一方面是政府對移民者的態度和宣導不足所造成，讓社會大眾普遍不認識也不瞭解新移民，另一方面則是因為東南亞籍新移民文化與生活習慣與臺灣不同，加上他們來自比臺灣生活水平還要低度發展的地方，所以來臺定居後被視為是一群具有特殊身分的弱勢族群。而在社會排除的理論概念下，人們常會將對弱勢族群的負面刻板印象視為理所當然、合理的觀念，

這樣的社會排除不僅來自於社會大眾，也包括新移民自己周邊的親友甚至小孩。

張碧如（2007）亦指出，臺灣對新移民的歧視現象目前仍然存在，歧視問題出現在包括在對新移民的稱呼，以及將新移民視為是社會問題的製造者的印象上。李麗日（2007a）認為臺灣社會多以外籍新娘指來自於東南亞跨國婚姻的新移民女性，其中「外籍」有著非我族類的歧視意味，而「新娘」又有著「他者」的隱喻。夏曉鵑（2001）則指出媒體誇大負面的不實報導，讓新移民家庭承受種種壓力，甚而轉化為適應臺灣生活的最大阻力。越南籍的 F5 由經驗中感受到，臺灣人在看自己時，不僅是有刻板印象，還常帶有瞧不起的味道：「臺灣人有這個概念掛在腦袋，就是你們（從）那麼落後的地方過來這裡，就是有一點小看了 …… 他們本來改這個觀念很難，所以不管怎樣，他們會有他們的主觀，所以他們每次都用這個來瞭解、來決定我們。」（F5，越南籍妻子，深度訪談紀錄）

不友善的環境與標籤對新移民家庭及新移民本身，都造成了最直接的傷害。身為新移民家庭中之臺灣籍先生的 H4，儘管自認為婚姻狀況良好，仍無奈的表示：「我看過更多的越南女生，結了婚、生了小孩，但是拿到身分證之後，義無反顧就走了，因為她孩子跟老公，都是她的跳板，她只是為了她的生活品質，就是為了錢而來的。」（H4，臺灣籍先生，深度訪談紀錄）這雖屬個人觀點，但是否也受到了社會輿論的干擾，令人深思。社會輿論對新移民當事人的壓力，也可由陳雪慧（2010）的研究中得到證實。陳雪慧指出，一些不想要忍耐殘破婚姻的移民姊妹，屈就在社會集體壓力之下，選擇留在難堪的婚姻裡，就算是拿到身分證，無需再依賴婚姻來保障居留權，卻因為恐懼被輿論指責「你看，他們拿到身分證就離婚 …… 」，而失去重新選擇婚姻的權利。

(七)社會邊緣化的感受與低落的社會條件

移民是指由一地搬遷到另一地域的流動人口。由於離開自己熟悉的國度進入全然陌生的環境，移民者或移民家庭常必須歷經被社會邊緣化的難堪歷程。陳燕禎（2008）便指出，在跨文化情境的適應過程中，移入者自我角色

的定位，常被認為是從屬的邊緣地位，因此，移入者在異國所實踐的生活模式，自己也很難擺脫邊緣者的心態。蔡昌（2009）更提出所謂邊緣化、否定化、異化的「三化」移居地體驗。其中所謂的邊緣化，便是新移民進入移居地所面臨的第一個感受，即發覺一切過往的社會網絡、人際關係及個人身分地位通通消失和改變外，還有個人或其家庭因著種族、膚色、生活習慣等，與主流社會無法吻合的現象。這種因為邊緣化讓人產生無所依歸的感覺，常增添新移民自身及其家人適應上的難度。

除了覺得自己是「外人」或是被別人視為「外人」的邊緣化感受外，新移民家庭也常面臨社會條件較為低落的現實問題。所謂低落之社會條件，包括經濟收入低、學歷差、家世背景不佳、年齡差距過高等各種不利因素。陳素娟（2009）就以香港為例，透過數據說明香港新移民在生活各層面上之條件，都要比一般香港居民來的低落。例如在居住方面，43% 的新移民居住在公共屋村（全港數據為 32%）；在教育方面，30% 年齡在 25-44 的新移民婦女僅有小學或以下的教育程度（全港數據為 15%）；在工作上，44% 年齡在 25-44 的新移民婦女參與勞動市場（全港數據為 71%）；在與配偶的年齡比較上，有 17% 的新移民女性年齡比配偶年輕 15 歲或以上（全港數據為 5%）。這些數據顯示低落的社會條件，使得許多的新移民在起跑點上就已經差人一等了。

臺灣的新移民家庭同樣也有社會條件普遍不佳的現象。江亮演、陳燕禎、黃稚純（2004）等人在彙整了多人之研究後，提出臺灣新移民家庭之特徵，其中就包括夫妻年齡差距大、社經地位低、偏中低收入階級、學歷低、居住地屬邊陲地帶等不良之社會條件。娶了越南籍太太的 H1 描述了結婚初期家中經濟拮据的窘境，反映出的是多數新移民家庭共通的困擾。「因為我那時在山上種水果，啊其實種水果沒有什麼收入啊，都要先付出嘛，肥料、農藥、什麼人工都要先付出，因為我種橘子都要多天才收成啊，你如果下一個雨，還是刮一下風，橘子給你吹壞了，或是下雨給你淋壞了，收成又減少了……每個月工作，每個月都要付這個付那個，老婆說存了多少，我說那有可以存錢，光付就不夠了。」（H1，臺灣籍先生，深度訪談紀錄）

東南亞新移民家庭的福利提供

　　要論及新移民家庭的福利提供，首先要知道新移民家庭的福利需求為何。王永慈、彭淑華（2005）在內政部社會司對外籍及大陸配偶之福利規劃委託研究報告書中指出，外籍及大陸配偶的福利需求可分為七大類：(1) 經濟安全類；(2) 生活適應輔導類；(3) 醫療優生保健類；(4) 保障就業權益類；(5) 提升教育文化類；(6) 協助子女教養類；(7) 人身安全保護類。由上述各項福利需求的內涵可看出，新移民所需要之福利多元繁瑣，絕非單一部門之服務所能涵蓋，故本部分研究者將依不同體系對新移民所做之福利服務項目作一簡述。

(一)社會福利系統為最主要的福利提供來源

　　社會支持網絡最常見的分類就是依網絡性質，區分為正式網絡與非正式網絡。非正式網絡由家庭成員、朋友、鄰里所組成，正式網絡則由專業人員所組成。新移民家庭由於其非正式網絡系統常有封閉或不足的現象，故正式支持網絡系統功能之彰顯，便更顯重要。社會福利系統被視為是新移民最主要的正式福利提供來源，其原因除了提供相關福利措施外，最重要的原因是因為社福體系常擔負資源統整、居中協調開發的角色，能將公、私部門的服務與不同系統之福利方案作結合，達到福利網絡之建構與統整式福利輸送的目標。

　　以臺北市（2011）的「新移民照顧輔導政策及實施方案」中社會局之角色功能為例，文中便明訂社會局應「協助民間團體發展地區性新移民服務措施，如定期邀約社福團體召開直接服務聯繫會報，以解決服務相關問題。強化服務體系和頒訂『補助民間團體辦理新移民女性暨其家庭支持性服務計畫』，結合民間社會福利團體，提供相關支持性服務。」而由臺中市政府社會局（2011）所辦理之「新移民資源網絡聯繫座談會」的與會單位名單中，則顯現參與聯繫會報之單位，除社會處外，尚有民政處、教育處、勞工處、衛生局、警察局、移民署、職訓中心、就業服務中心、各區婦女中心、各區社區大學、其他非營利社福機構等共 37 個單位，其資源整合之企圖與目的

十分顯著。

　　當然社會福利系統本身亦提供多面向之福利措施，其中有的雖非特為新移民所設立，但常可成為新移民及其家庭的重要資源，如特殊境遇婦女之相關扶助條例、各項社會福利諮詢、弱勢家庭個案轉介服務、人身安全保護、發展遲緩兒童的早期療育服務、社區保母系統等。也有部分福利服務是針對新移民及其家人而設立的，如編印發行多國語言之社會福利資源手冊與活動宣傳、提供以多種語言服務的外籍配偶諮詢保護專線等。以臺中市之「新移民家庭福利服務中心」為例，便是一個由臺中市政府社會局主辦，善牧基金會承辦，以設籍或居住在臺中市的外籍配偶、大陸配偶及其家庭為服務對象的福利機構。該機構除以多國語言定期出版「新聲音新移民季刊」，提供新移民發表心聲之園地並預告新移民相關活動外，並隨時提供電話諮詢、法律諮詢、個案管理、電話關懷與家庭訪視、各項生活適應課程、家庭親子活動、多元文化宣傳、外文雜誌借閱與免費上網、通譯服務等常態性服務（2010/11/19，機構參訪紀錄）。

(二)相關公部門應建構相互搭配的網絡式服務系統

　　除了社會福利系統之外，各縣市政府相關主管單位分別由自身之角度與立場出發，採責任分工、服務統整之方式，共同為新移民建構出完整的支持網絡系統。以教育系統為例，教育系統透過各級學校、補校、家庭教育中心、社區大學，辦理各類型生活學習或識字班，推展社區終身學習，並利用學校現有資源，針對婚姻輔導、親職教育等議題辦理講座、讀書會、成長團體等各類型學習活動，是新移民及其家人非常重要的一項生活資源。

　　許多的學校，在新移民的服務上，擺脫了初期以識字或語言學習為主的刻板課程，研發出多樣性的學習方向。以苗栗縣後龍鎮海寶國小為例，海寶國小於 97 學年度獲教育部補助成立了「社區新移民學習中心」，該中心除了提供新移民學習課程外，並透過各方蒐集或捐贈的東南亞諸國展覽物品，包括服飾、藝術品、生活用品等，協助該校學生瞭解進而學習欣賞與尊重他國文化（2010/5/29，機構參訪紀錄）。宜蘭縣的南安國小，則因補校學生外配比例占全縣之冠，因而成立外籍配偶專班，提供的外配活動包括中文學習、

生活知識教學、親職教育、藝術與生活、禮俗與民俗、社區巡禮等多面向學習（2010/12/25，機構參訪紀錄）。宜蘭縣七賢國小的「新移民學習中心」更由 96 年度開始，開發臺灣小吃班、越南小吃班、瑜珈、律動、語言、壓花、串珠、軟陶、資訊、親子說故事、急救、衛生保健等各類課程，其內容之豐富多元，早已經超越了一般人對學校學習的刻板印象（2010/12/26，機構參訪紀錄）。

民政系統之資源服務提供也與新移民家庭息息相關，其中最爲社會大眾所熟知的就是各類生活適應班（包含生活學習、機車考照、烹飪烘焙等）的開辦。此外，申請歸化國籍及應備證件相關事項、歸化國籍測試、戶籍登記事項諮詢、相關移民輔導轉介諮詢等，皆是民政系統的服務項目。當然各縣市之服務內容會有所差異，以臺北市爲例，除辦理以上業務外，更成立了新移民會館（南港區、萬華區），爲新移民提供了一個溫暖及學習的專屬空間。會館內設有網路資訊空間、客廳及情感交流園地、親子遊戲、輕食咖啡等區，並設立外語通譯人員諮詢服務及書報雜誌服務，其空間與服務之設計，主要在達成研習訓練、情感交流園地、諮詢與轉介平臺、原屬國資訊查詢等四項設立目標（2010/5/30，機構參訪紀錄）。

就業系統的相關服務，常是新移民最關心的議題之一。各縣市政府之就業主管單位爲勞工處（局），其涉及新移民家庭之服務內容，多與就業服務、勞資關係、勞工福利、勞工相關權益申訴等有關。在保障新移民工作權及提升工作技能方面，就業系統著力甚多，以臺北市（2011）勞工局爲例，除提供一般性就業服務，如櫃檯求職登記、推介就業、現場徵才等外，亦安排有職業訓練需求之新移民參加職業訓練研習，並透過「就業服務資源手冊」、「外籍配偶就業服務 DM」、「新移民就業服務宣導海報」，有效宣導就業訊息。此外，衛生局、交通局、警察局、移民署等其他單位，所屬業務也多與新移民及其家庭相關，在福利服務的網絡建構中，皆占有一席之地，唯限於文章篇幅，其服務內容不於此文中陳述。

(三) 第三部門之新移民服務有其在地性與可近性的優勢

第三部門又稱爲志願部門，意指在第一部門或公部門，與第二部門或私

部門之外,既非政府單位、又非一般民營企業的事業單位之總稱。一般來說第三部門單位大都是由政府編列預算或私人企業出資,交由非政府單位維持經營的事業體。一般常見的社團法人、基金會或非政府組織通常都屬於第三部門的範疇(維基百科,2011)。第三部門的社會福利機構,以其服務內容之多樣性與長時間耕耘民間之在地性的優勢,在與公、私部門的合作上,無論是採公辦民營的方式或是經費申請的方式,來提供新移民家庭的服務,皆能彌補公私部門之不足,達到互補長短之效。

研究者於 2006-2007 年期間,以電話訪談的方式,調查了苗栗縣、臺中縣、臺中市、彰化縣、南投縣、雲林縣等中部六縣市有提供新移民家庭服務之第三部門之服務內容(李麗日,2007a)。調查發現,第三部門依據機構之特質與專業面向,分別對新移民家庭所提供之服務包括:課業輔導、親職教育、專題講座、工作訓練、工作媒合、電話訪問、家庭訪視、諮商服務、成長團體、生活適應課程、家庭聯誼、語言課程、遊戲治療、臨時托育、資源連結、志工培訓、話劇研習、種子師資培訓、支持性服務、外展服務、社工人員專業研習、經濟救助等,內容雖然豐富,方式也相當多元,但部分內容與公部門之服務內容重疊,如能在服務項目上與公、私立部門之服務內容作更佳之市場區隔,則新移民整體之服務網絡的建構將更為完善。

除此之外,近年來非正式網絡的服務與支持系統,也在社區性的組織中逐漸開發醞釀中,更是一項值得重視的福利提供模式。例如各社區發展協會針對社區居民的獨特性,提供適切的服務,對新移民的夫家家人而言,這種「在地化」的服務型態,可能因為家庭與地方之連結性高,感覺上較為熟絡安心,疑慮得以減緩;對新移民本身而言,則由於福利服務的可及性較高,其所構成的在地網絡,對於新移民與其家人、子女的支持能力也較為直接,更有助於融入在地生活。

問題思考

一、說出你對臺灣新移民及其家人的觀感,並解讀這些觀感的來源為何?

二、依你的觀察，在臺灣的新移民及其家人會產生適應不良的原因爲何？

三、請思考在臺灣的新移民及其家人本身有何優勢條件？

四、想想看政府在新移民的輔導政策上尚有何應爲而未爲之處？

參考文獻

王永慈、彭淑華（2005）。外籍與大陸配偶福利提供規劃之研究。內政部社會司委託研究報告，計畫編號：094000000AU631002。

江亮演、陳燕禎、黃稚純（2004）。大陸與外籍配偶生活調適之探討。社區發展季刊，105，66-89。

李麗日（2007a）。新移民家庭正式社會支持網絡之認識與運用——以中部六縣市爲例。載於國立臺中教育大學教育學系暨課程與教學研究所主編，新移民子女教育（pp.97-120）。臺北：冠學文化出版。

李麗日（2007b）。女性外籍暨大陸配偶社會服務資源利用之研究。社會科教育研究，12，151-178。

林開忠（2009）。人流動了，食物呢？一些來自富麗村跨國婚姻家庭的例子。載於王宏仁、郭佩宜主編，流轉跨界：跨國的臺灣—臺灣的跨國（pp.231-254）。臺北：中央研究院人文社會科學研究中心亞太區域研究專題中心出版。

林美媛、郭麗安（2010）。東南亞跨國婚姻舞步——妻子的有薪工作能改變多少。性別平等教育季刊，52，13-17。

呂靜妮、李怡賢（2009）。東南亞新移民女性文化適應之經驗歷程。耕莘學報，7，55-63。

夏曉鵑（2001）。外籍新娘現象之媒體建構。臺灣社會研究季刊，43，153-196。

陳燕禎（2007）。新移民家庭與社區互動關係之探討。桃園縣政府主辦：96年度桃園縣外籍配偶家庭服務研討會。

陳燕禎（2008）。臺灣新移民的文化認同、社會適應與社會網絡。國家與社會，4，44-99。

陳雪慧（2010）。性別意識的化外之地？移民法制如何面對離婚與失婚的婚姻移民。性別平等教育季刊，52，27-33。

陳素娟（2009）。讓數字說話——新移民哀歌。線上檢索日期：2009/9/11。取自 http://hku-pop.hku.hk。

張雪君、劉由貴（2010）。從多元文化觀點探討來臺女性新移民的文化衝擊——兼論苗栗縣政府的作法。區域與社會發展研究期刊，1，103-122。

張碧如（2007）。從社會階層論探討外籍配偶生活適應及其子女教養問題。教育資料與研究專刊，91-102。

維基百科（2011）。第三部門。線上檢索日期：2011/1/26。取自 http://zh.wikipedia.org。

蔡昌（2009）。新移民論：社會學的見解。線上檢索日期：2009/9/11。取自 http://www.acei-hkm.org.hk/Publication/FF-17-Choi%20C.pdf。

黃素惠、徐偉培（2008）。新竹市新移民子女行為困擾與生活適應之研究。教育暨外國語言學報，7，1-18。

馮涵棣、梁綺涵（2009）。私領域中之跨國化實踐：由越南媽媽的臺灣囡仔談起。載於王宏仁、郭佩宜主編，流轉跨界：跨國的臺灣 — 臺灣的跨國（pp.193-229）。臺北：中央研究院人文社會科學研究中心亞太區域研究專題中心出版。

臺北市（2011）。臺北市新移民照顧輔導政策及實施方案。線上檢索日期：2011/1/3。取自 http://casehsu.org/wpmu/resource/2009/04/22/%E8%87%BA%E5%8C%。

臺中市政府社會局（2011）。新移民資源網絡座談會與會單位服務介紹。線上檢索日期：2011/1/24。取自 http://www.society.taichung.gov.tw。

第 9 章

新移民家庭親子
共讀活動

賴苑玲

前言

　　根據教育部統計處統計，99 學年外籍配偶子女就讀國中、小學生數已逾 17 萬 6 千人，較 98 學年成長 13.6%。如與 93 學年比較，7 年來國中、小學生數自 284 萬人降為 243 萬 9 千人，外籍配偶子女學生數卻由 4 萬 6 千人成長至 17 萬 6 千人，遽增 12 萬 9 千人，占國中、小學生數之比率亦由 1.6% 快速增加至 7.2%；其中國小一年級新生數近 2 萬 7 千人，平均約每 8 位國小新生即有 1 人為外籍配偶子女（教育部統計處，2011）。上述資料顯示外籍配偶子女人數反映了臺灣近幾年來不容忽視的人口結構變遷，由新移民家庭組成背景，發現其社經背景、教育文化水準普遍處於弱勢的情形，而使得其子女易處於文化刺激不足和學習不利的窘境，然而在家庭中主要照顧子女的是新移民家庭母親，大多只能以簡單不純熟的國臺語與孩子互動，造成對於子女教養互動上與學業成就呈現不樂觀的情形，突顯了新移民親職教育的重要性。

　　教育部國教司長楊昌裕表示，研究發現新移民子女在小一、小二階段因語言文化較弱，平均課業表現落後一般生，但小三之後，表現就能追上一般生；但到升上國二、國三時，又因經濟條件不足支應補習費用、父母指導功課的比例也較低，致新移民子女升學居弱勢。外籍母親語言不通或溝通能力極差的學童，高達 24.1% 有語文發展遲緩現象，而其母親語言溝通流利的學童，語言發展遲緩之比例則僅 4.4%，此顯見加強外籍配偶語言能力是重要課題（林玉珠、盧繡珠、張楓明、蔡曉玲與莊絪婷，2008）。教育部公布未來 10 年的「教育報告書」已將親職教育納入「新移民子女教育改進方案」，要推展新移民親職教育，唯有提升新移民子女閱讀的興趣，藉由親子共同閱讀和分享的方式才能提升親子互動關係。新移民由於語言溝通障礙，學習資源及輔導均不足，透過親子共學繪本活動，建立新移民家庭家長熟悉本國語言注音符號拼音方法技巧，並且有能力指導初學子女課業；同時也能實踐教育機會均等的理想，因此推動親子共讀是有其必要性。國內外許多的研究結果都證明家庭語

文環境豐富和有親子共讀經驗的孩子，其語言理解、口語表達、文字概念、字彙、閱讀和寫作能力都比較強（黃迺毓，2005；廖永靜、林淑玲，1999；林純宇，2005；Fisch, Schulman, Akerman, & Levin, 2002; Huebner & Meltzoff, 2005）。

學習目標	一、說明閱讀的重要性
	二、瞭解親子共讀的意涵
	三、選擇適合新移民親子共讀之書籍
	四、理解親子共讀的策略與互動方式
	五、新移民家庭兒童學前啓蒙服務

閱讀的重要性

　　2006 年臺灣小四學童參加由國際教育評估協會（International Association for the Evaluation of Educational Achievement, IEA）所主導的促進國際閱讀素養研究（Progress in International Reading Literacy Study, PIRLS）國際評量，在 45 個國家與地區中名列 22 名，遠遠落後在俄國、香港、加拿大（亞伯達省）、新加坡、加拿大（卑斯省）、韓國、日本之後。另外在 2009 年國際學生能力評量計畫（Programme for International Student Assessment, PISA）國際學生能力評比結果公布後，臺灣少年得分平均屬於中上，且高於經濟合作暨發展組織（The Organization For Economic Cooperation and Development, OECD）平均，但得分和名次都低於 2006 年的成績，表現不如上海、韓國、香港、新加坡，在東亞地區墊底。世界已進入知識經濟的時代，一切的競爭與價值都以知識爲主，而一切知識的基礎都始自閱讀。教育部於 2008 年公布的「悅讀 101」的四年計畫，其實施目標之一爲鼓勵家長積極參與親子共讀活動，增進親子互動關係。親子共讀的推動，除讓親子關係更加

溫，也訓練孩子學習態度、集中注意力的養成，更重要的是可以幫助孩子連結經驗、認識自我、瞭解環境，並且學習與他人建立良好的互動關係。藉由圖書的引導，許多關於生活習慣的養成及品格教育課題，都能適當的教導，甚至養成良好的語言與文字表達能力。事實上，幼兒的學前閱讀（preschool reading）是國際推動閱讀的趨勢，英國 Book Start 運動即有 Book 及 Start 雙重意涵，鼓吹推倡幼兒及早接觸書本，有機會享受閱讀的樂趣；透過全面性的大量贈書，鼓勵家長踴躍協助孩子跨出閱讀的第一步，同時也能積極運用鄰近社區公共圖書館閱讀資源，提高兒童閱讀的興趣與意願，並讓孩子能夠持續性的保持閱讀習慣。Book Start 創辦人 Cooling 認為從小閱讀的兒童，數學、語言發展比沒有從小閱讀的兒童好；根據倫敦羅漢普頓大學（Roehampton University）的研究發現，在參與的家庭中，共讀往往是親子間最常進行的活動之一，家長們也因此更有自信、更樂於經常為孩子朗讀。

閱讀是一種涉及思考認知的過程，因此只會發音而無法瞭解文字所代表的意義者，不能稱作「閱讀」。只有閱讀能力，卻沒有實際閱讀行為的人，也不能算是「讀者」（Encyclopedia Britannica, 2011）。啟動英國閱讀年的前英國教育部長布朗奇（David Blunkett）指出：「每當我們翻開書頁，等於開啟了一扇通往世界的窗，閱讀是各種學習的基礎。在我們所做的事情中，最能解放我們心靈的，莫過於閱讀。」（引自齊若蘭、游常山與李雪莉，2003）閱讀能豐富生命、提升愉悅感，也協助兒童開啟通往世界的窗口，且有助於認知、語言、理解、推理及其他領域能力之提升。美國國家科學基金會（National Science Foundation）將閱讀和數學、科學並列為人類 3 項基本能力；兒童教育專家也指出，從小進行親子共讀與養成閱讀習慣的孩子，對於其心理發展與人格特質會有良好的助益。洪蘭（2006）指出：「嬰兒出生後腦細胞數目即不再增加，反而是逐漸消減沒有與其他神經原相連的細胞。」所以現今「智慧」的定義已變成「神經連結的密度」，因此透過大量閱讀，便可以觸類旁通，知識運用得也比較廣，神經才會越連越密集。所以背景知識廣的人，講一個點便可以馬上聯想到其他相關的面，腦袋也更靈光，才能成為有創造力的人。閱讀的培養應從小就要開始，學齡前的閱讀是要選擇孩子有興趣的書籍，以培養閱讀的樂趣和習慣為主；學齡後的閱讀不應只專注於學

校課業，要多讓孩子閱讀課外的書籍，以增加小孩的背景知識。背景知識豐富的人，在面對同一件事物時，能看到別人所看不到的地方。

二 親子共讀的意涵

要倡導閱讀，最好是從小培養孩子閱讀的習慣，而且要從家庭做起。Vygotsky 的鷹架理論（Scaffolding Theory）指出，兒童透過熟練的參與者在最佳學習區內提供之引導、示範、鼓勵和回饋，使兒童超越現有的發展水平，並幫助其發揮潛能和拓展心智（黃瑞琴，1993）。在孩子的學習過程中，家長或教師所給予較高層次的協助和支持，能使孩子在互動中獲得更高的心智發展。即是在親子共讀活動進行時，父母應先瞭解孩子先前的狀況，再將孩子保持在其「潛在發展區」內活動，使閱讀與學習成為一種對話。親子共讀是父母與孩子一起進行閱讀活動，包含說故事給孩子聽、一起讀故事、討論等（柳雅梅，2002）。親子共讀也有稱之為家庭共讀、家庭共學、親子共學，簡而言之指父母與子女在家庭與學校中一同閱讀，不論是父母唸故事給孩子聽、孩子唸故事給父母聽或是親子共同討論故事書內容皆屬之。

新移民家庭之親子共讀有親子共學的概念，家長與孩子的學習角色與學習地位是相平等的。家長需要透過參與孩子的學習，藉由不斷的與孩子對話與交流，使學習成長與思想更新。由於兒童的認知及語言仍處於發展的過程之中，所以必須透過成人協助引發，提供愉悅溫馨的閱讀環境，讓兒童讀自己有興趣的書。而在親子共讀的過程中，透過親子間的對話、討論，以分享彼此的感動與思想（劉漢玲，2004）。親子共讀真正意義是讓家中的每一分子都有傾聽、述說、溝通、討論的機會，讓此活動自然融入日常生活裡，成為像遊戲般愉快的事（吳幸玲，2004）。親子共讀不但能養成兒童閱讀的好習慣，更能提升親子的互動氣氛。親子共讀可為孩子建立閱讀和思考能力的基礎，洪蘭認為：「當孩子依偎在父母懷抱中閱讀時，他所感受到的不只是故事內容帶來的想像空間，最重要的是父母擁抱他所帶來的安全感。」（齊若蘭等，2003）。學齡前的階段為兒童語言發展的重要基礎階段。兒童早期語言發展的遲速優劣，不僅影響學習的效果，對兒童的認知與人格的發展，以

及社會關係的健全具有極大的影響（錡寶香，1998）。

　　許多的研究發現親子共讀不僅可以培養孩子的語言發展，也可增進親子關係。如 Huebner 與 Meltzoff（2005）研究發現，親子之間的對話及共讀是增進 2-3 歲的孩子們掌握增加語言能力的基礎。親子共讀能讓孩子在自然自主的環境下，不但可以促進孩子的語言發展，也是一種學習的媒介，能學習到生活自理的能力如自己吃飯、穿衣服等，或擴展生活經驗如關懷周遭人、事、物；另外，也可啓發孩子正向的人生觀如發揮正義感或善有善報等教育內涵。黃迺毓（2005）指出：「原來共讀是一種省時省力的教養方式，從生活學習、行爲規範、情緒疏導，到文化價值和人生信仰，都在有趣的共讀中，自自然然的傳遞了。」廖永靜與林淑玲（1999）指出，父母參與子女的學習活動，孩子不但學到知識，也學到學習的方法。親子共讀不僅可培養家庭的學習氣氛，同時也能增進親子之間的關係，讓父母有機會走進孩子的心靈世界，瞭解孩子內心的想法（Fisch, Shulman, Akerman, & Levin, 2002）。林純宇（2005）認爲兒童除可藉由閱讀吸取知識、促進學習成長外，並可透過閱讀，獲得讀書的興趣，以豐富未來的生活；在家中陪伴孩子一起閱讀，讓家庭瀰漫書香氣息，是增進親子互動的良好契機。所以，在孩子未入學之前，家庭是教育孩子的主要場所，在一個書香的環境中成長的孩子，自然而然地便會喜歡閱讀。因此，親子共讀能增進孩子與父母間之親密關係，孩子會體驗到閱讀是有趣的，能豐富孩子的語言字彙與理解力，也能及早建立對閱讀的完整認識。

三　親子共讀的策略

　　親子共讀沒有絕對的模式，可以照本宣科的照書念，也可以加油添醋用自己的話說故事，可以陪孩子共用一本書，也可以各看各的書，都是一種很好的共讀方式。親子共讀的三項要件爲家長、孩子與書。每一項目都會影響親子互動的關係，如家長的教育水準、社經背景、文化背景、性別與孩子的關係；孩子的性別、心智發展、專注力、興趣與家長的關係；書籍的類型、複雜性與家長及孩子對書籍的熟悉度等（Fletcher & Reese, 2005）。

蔡玲（2004）在其《親子共讀指導手冊》中指出，吸引幼兒閱讀的妙方有下列方式：

1. 參與是吸引孩子閱讀的開始：不論孩子在哪一個年紀，讀書給孩子聽，也鼓勵孩子讀書給別人聽，創造家人共讀的機會，培養孩子閱讀的興趣，奠定閱讀的習慣。

2. 喜悅是引發幼兒主動閱讀的誘因：鼓勵孩子最具體的就是「言語的讚美」，當孩子在閱讀時，您可以根據事實給予具體的讚美。

3. 成果是親子持續閱讀的動力：從留下閱讀紀錄、發表閱讀心得，來協助孩子留下努力的成果。製造機會引導孩子展示閱讀成果，回顧成果的喜悅，是鼓勵孩子持續不斷閱讀的動力。

柯華葳（2007）指出與孩子共讀的時候，注意以下幾個重點，就可以有效提升孩子的閱讀力：

1. 摘出故事重點：摘出故事重點是檢視孩子是否理解的方法之一。讀完故事先休息一下，讓腦中滿滿的聲音靜下來，然後以問或討論方式整理「故事在說些什麼」。當孩子說出故事重點之後，父母可以提更難一點的問題，例如讓孩子比較一下，不同故事裡的主角有什麼不一樣的地方。

2. 鼓勵孩子出聲讀：孩子四歲左右時，就會開始認字。父母先朗讀一次，然後可以鼓勵孩子拿起書來讀，並且讀出聲音。當孩子長到五、六歲，認識更多的字時，父母可以和孩子輪流出聲閱讀。當有新字詞出現時，不必急著解釋，可以多讀幾次給孩子聽，讓孩子從上下文猜出字意。若孩子問：「這個字是什麼意思？」媽媽可以鼓勵他猜猜看，讓孩子有更多思考的機會。

3. 鼓勵孩子表達理解：在閱讀當中，父母可以鼓勵孩子以自己想要的方式表達理解，例如：畫圖，把所想的、所聽到的畫出來；以說故事或接故事方式描述內容，讓孩子開始接續故事，才能確定孩子到底是否理解故事的內容；讓孩子跟著讀，當第二次再讀同一本書時，可以讓孩子加入一人讀一句的行列，不需要都由父母唸給孩子聽，當他碰到不會的字，或是忘了怎麼讀的時候，可以幫著孩子唸出來，加深他的

印象；還有其他各種方式，如編成舞蹈、歌唱、表演等。

4. 讓孩子喜歡討論：討論是讓孩子學習思考，並表達自己想法的機會。要瞭解什麼樣的對話才能引導討論，讓孩子學到更多。

四 選擇適合親子共讀的圖畫書

Bus（2002）指出圖畫書中的文本是以書寫語文敘寫，它不同於口說語言，所以幼兒較難理解。再者，圖畫書的內容可能是一個想像的世界或孩子不一定親身經歷的生活情境，因此幼兒也較難領會。研究中提到可以利用圖片中的標示和解釋以增加孩子的知識和語彙。父母可特意的朗讀圖畫書的內容及附帶的文字，也可跳脫文本的討論，提升孩子的興趣。綜而言之，父母可以依據孩子的年紀與閱讀能力安排不同的策略。

圖畫書因為內容簡要、伴有插圖等特質，不但適合一般孩童閱讀，也很適合外籍配偶子女閱讀。林敏宜（2000）認為好的圖畫書選擇有下列五個重要的考慮點：

1. 考慮孩子的身心發展：父母為孩子選書時，首先應考慮孩子本身的身心發展需求，不同階段的孩子，其認知與智力發展、語言發展、情緒、人格與社會發展均不同，自然在閱讀的偏好及需求上有所區別。

2. 配合孩子的興趣需要：唯有孩子閱讀他喜歡的書，才能夠保持濃厚的興趣，主動閱讀、持續閱讀。如何得知孩子的興趣呢？可以從孩子的休閒活動、專長、寵物、喜歡的科目、喜歡看的書中看出他的興趣。

3. 參考圖畫書獎項：得獎的圖畫書是深受專業人士肯定的好書，也是品質的肯定。因此父母在選擇圖畫書時，不妨參考這個指標，以確保選擇出優質的好書。如美國凱迪克大獎、英國格林威大獎、德國繪本大獎、國際安徒生獎等；國內信誼文學獎、國語日報兒童文學牧笛獎、中華兒童文學獎、小太陽獎等。

4. 參閱書評與網站：參閱報紙及網站定期提供的最新書評書目，可為家長提供選書參考，國內較為人熟知的相關網站有：文建會兒童文化館、信誼基金會、布克斯島、小書蟲童書坊、遠流博識網：小人兒書

舖等。

5. 審慎評鑑圖畫書：圖畫書品質的好壞，可以從版式、內容、插畫等三方面來考慮。例如：字體大小是否恰到好處？紙張是否不反光？主題內容是否傳遞正面價值觀？插畫是否能傳達內容的意涵？畫面是否和諧具創意？等等。

松居直（1995）在《幸福的種子——親子共讀圖畫書》一書中提到：圖畫書的文字都經過精心的挑選與整理，字字包含藝術家們豐富的感性與理性。父母親用自己的口，將這些文字一句一句的說給嬰兒聽，就像一粒一粒的播下語言的種子。當一粒種子在孩子的心中扎根時，親子之間可建立起無法切斷的親密關係。圖畫書除了能夠增加親子親密關係，還可營造家庭的學習氣氛，有利於幼兒閱讀和外籍配偶親職學習的推展。外籍配偶因不諳中文，又不會自行選書，故最好能諮詢住家附近的公共圖書館工作人員，推薦適合孩子語言與身心發展的書籍。在進行親子共讀時建議以圖多字少或是無字的書，可讓外籍配偶具想像空間，摒除文字的束縛，可自由想像及發揮的圖畫書為原則，也可提升外籍配偶語彙能力。

五 理解親子共讀的策略與互動方式

由於親子共讀時的互動方式可能影響幼兒的理解和敘說表現，周育如與張鑑如（2008）將親子共讀時的互動方式分為三種類型，分別為「父母主導描述型」、「父母引導討論型」以及「孩子主導型」。

1. 父母主導描述型：此類型的家長是親子共讀時故事的主要敘述者，父母自己拿著書一直講，或許講述生動，但特點是甚少讓孩子插嘴或表達意見。

2. 父母引導討論型：主要由父母講述，但過程中父母會邊問孩子問題，也讓孩子表達意見並確認孩子的理解，以親子互相合作的方式進行親子共讀。

3. 孩子主導型：父母就讓孩子講給他聽，父母僅從旁加以鼓勵或讚許，偶爾補充孩子漏失的故事訊息，但甚少加入自己的意見。

新移民的原生文化與在地適應

陳淑雯（2002）根據研究親子成員在團體輔導過程中的共讀「語言對話內容」和「肢體語言溝通行為」所得資料，歸納出四種親子共讀互動類型：

1. 積極教導、流連忘返型：家長積極教導子女閱讀繪本內容，參與讀後省思單的討論活動，子女也主動學習；此類型親子共讀行為，兒童回答能力最強。

2. 自然援助、樂在其中型：家長隨時陪伴身旁，面容和藹，笑容可掬，當孩子對繪本內容產生疑難時，家長能適時給予分析討論，子女閱讀自主性高；此類型之親子行為，兒童的學習樂趣最高，最能享受閱讀樂趣。

3. 積極權威、心血來潮型：家長積極管教子女的閱讀行為，或要求其循序漸進的閱讀，或要求其靜靜的、乖乖的聽故事，子女則好動，靜不下來，因而有時聽話、認真且快樂的閱讀，有時則不耐煩地只對部分主題感興趣；此類型的親子共讀行為，兒童表現不一，有的發言率極高，有的則沉默寡言。

4. 自由信任、瀏覽櫥窗型：家長安心放手讓子女自行閱讀，較少給予積極指導、協助問題解決，但給予相當多的自由空間，子女則是自主翻閱書籍，對有興趣的主題就積極投入，反之則像瀏覽櫥窗般地快速向前跳躍閱讀；此類型親子行為，兒童的學習收穫較少。

在探討新移民女性參與親子共讀的研究中，黃卓琦（2004）對低社經階層家庭的調查發現，在親子共讀中母親把閱讀故事視為自己的責任，較不會引導幼兒參與互動，也只專注在故事書上即時即地的內容，少有以開放性問題進行相關議題的討論。李佩琪（2004）與林佳慧（2004）的研究指出在親子共讀時母親是屬於主動引導的角色，幼兒較屬於被動回應的角色之觀點有一致性。Morrow（1983）指出母親的閱讀態度和習慣，對學齡前的閱讀較具影響力；對閱讀有較高興趣的兒童，多以母親為最常陪伴兒童進行閱讀的人，因此母親觀看電視或進行閱讀活動亦會直接影響兒童對電視或閱讀的看法。

雖然親子共讀對教養子女的日常生活中的觀念、態度有幫助（蘭美幸，2005），國內的實證研究也顯示母親的語言會直接影響子女的學習，若母親會使用國語，則子女的學業成就表現也較佳（林璣萍，2003）。張家齊（2006）

的研究發現新移民女性參與親子共讀的現象為：讀幼稚園的子女可以教新移民女性唸注音符號，新移民女性也可以教孩子認識國字，親子雙方同時具有老師與學生的角色，更重要的是親子雙方在親子共讀中透過共同的建構，可以認識到更多的中文字與學習到更多的知識。有些外籍配偶的學歷雖然不低，卻因為有中文識字的障礙，使得她們不能將自身的能力轉為力量與行動來參與子女的學習，這是她們參與子女學習的最大障礙（蔡奇璋，2004）。由於外籍配偶的中文語言識字能力不足，按照故事書一字不漏地唸讀故事是參與親子共讀時常用的共讀方式，不懂得可加入一些誇張的聲音、表情與肢體動作或增減故事書的內容情節（張家齊，2006）。蘭美幸（2005）建議親子共讀進行方式為暖身、親子共讀（輪唸）、討論、分享與回饋。

㊅ 新移民家庭兒童學前啟蒙服務

　　新移民家庭幼兒在文化刺激與環境影響下，普遍在語文發展上表現較差且缺少學習動機及誘因，進而影響其心智能力發展、與他人溝通、情緒與人際關係，以及未來學業成就之水準。由於幼兒來自父母一方對本地語言不流暢的家庭，在臺灣生活中面臨言語的溝通、跨文化的適應、傳宗接代與生計的負擔，以及子女教養的問題。Skinner（1957）認為成人對兒童牙牙學語階段的增強，是使兒童學得合乎文法語言的重要關鍵，父母親是幼兒語言發展的關鍵角色，欠缺本地語言能力的外籍配偶，自然會影響幼兒語言發展。目前政府在新移民家庭的教育活動方面，各縣市政府皆有辦理外籍與大陸配偶家庭教育的各項活動，以提供新移民家庭的教育學習，協助新移民家長建立家庭經營技巧，於 2010 年度共計舉辦包含生活適應輔導課程 147 班（含機車考照與語文學習）、種子研習營 5 班、多元文化活動 18 班及其他 43 班等場次，參與人數計 9,635 人，總受益人次計約 2 萬 8,536 人（內政部，2011）。雖然這些相關課程如識字班、生活適應班、親職教育和親子共讀等課程是極為重要的，然而多數的新移民女性受到家庭照料、外出工作的限制，無法參與課程。而各縣市所開設的課程多以識字為主，有些就以國小的國語課本為其上課之教材內容，並沒有特別依照能加強新移民女性的日常生活溝

通,或是提升其與幼兒互動的語言相關教材內容。為此,有些新移民女性認為雖有上識字班,但是對於日常生活的語言使用與溝通,並無法立即感受到其學習效果(鄭碧招,2004)。

　　為了幫助外籍配偶家庭之兒童,兒童局參考美國 Head Start(起步計畫)的作法,開始推展兒童學前啓蒙服務,期望能協助弱勢家庭的兒童,改善及增進他們生活及學業的表現。美國的「起步計畫」從 1965 年開始實施,以低社經、低智商兒童為服務對象,在於提升兒童智力,提供 3-5 歲弱勢兒童半天學習課程,每週上課 3-5 天,每年實施 7-8 個月課程,進小學後第一年有教育支持性服務(Ramey & Ramey, 2004; Wise, Silva, Webster, & Sanson, 2005)。實施的方式包括以機構為中心與以家庭為中心的服務類型。我內政部兒童局於 2004 年頒訂「外籍配偶及弱勢家庭兒童學前啓蒙服務計畫」,實施內容包括:指導外籍配偶及弱勢家庭進行規劃整體推動模式,以協助文化刺激不利兒童及語言發展弱勢兒童必要的語言教育經驗,試圖建構支持體系以提供豐富的學習情境,協助外籍配偶、低收入戶及中低收入戶等弱勢家庭幼兒,進行繪本閱讀、親子閱讀、說故事與成長團體,使外籍配偶及其子女可共同提升語文認知與表達能力,並學習至圖書館及借閱圖書等自主能力。實施的對象為學齡前(3-6 歲)幼兒及其家長,以成長團體方式來進行親子閱讀,進行到家輔導之環境設計策略與閱讀引導及語言表達示範,來增強語文能力與親職知能。此親子共讀成長計畫是指由到宅服務員利用故事繪本作為媒介,和家庭成員共同進行閱讀,並透過課程設計、延伸活動多管齊下,激勵親子成員發展個別需求與解決問題能力。該方案中,由到宅服務員、父母及兒童共同組成親子共讀團體,以認知行為取向、閱讀治療為理論基礎,結合團體輔導技巧,以強化親子關係及家庭氣氛所設計的活動(陳淑雯,2002)。兒童局另委託實施「弱勢家庭語文服務方案模式專案研究」計畫,經實驗方案執行後顯示頗具正面效果,透過親子共讀及語文活動的介入,能提升幼兒及母親之語言理解和口語表達能力(林玉珠等,2008)。至 2010 年政府共補助 33 個團體、49 個方案 8,521 人次;在協助新移民家庭適應臺灣社會、消除各類刻板印象,也都有具體成效。廖月瑛(2009)認為「到宅模式」能有效提升兒童的語言能力。

　　另外也有民間團體提供「到宅親子共讀課程」，希望能促進新移民親子的相處和互動。在此課程中，新移民家長在志工們的帶領之下，運用繪本學習用說故事的技巧和孩子互動，孩子也慢慢能夠回答爸爸、媽媽問的問題。此課程中也設計了學習單，包含對於繪本內容或相關活動的複習；藉由新移民家長與孩子一起完成，讓新移民家長能夠再一次地練習、運用與孩子互動的技巧，孩子也會因為「這是我和媽媽（爸爸）一起完成的」而更加有成就感。經由家長與子女共同參與的親子共讀課程，以及共同完成的學習單，新移民親子們有更多的互動相處機會，親子間彼此的情感聯繫也就更加緊密。新移民家長學會親子共讀的說故事技巧，讓孩子在人生的啟蒙階段就有好的學習，以促進其和孩子互動的機會與品質（鄧蔭萍，2009）。由於這不同於以往家人在一起只是吃飯、看電視的固定模式，藉由親子在家一起讀故事書、一起遊戲的經驗及互動機會，使得新移民親子間的情感也就越來越親密。

 結語

　　親子共讀可以增加兒童語文發展，培養閱讀興趣，提升其閱讀力，也可增加親子互動的關係，但由於新移民家庭中之父母來自一方對本地語言不流暢的家庭，又因為有家計等生活負擔，未來在推動親子共讀時，到宅親子的共讀課程是一個可行的方案。不論是利用民間自組的志工團體或兒童局的輔導人員，其專業訓練課程的設計如繪本導引技巧、閱讀引導訓練、共讀策略、溝通技巧等，皆須符合到宅親子共讀的精神。此親子共讀的方式與作法是相當符合 Vygotsky 的鷹架作用（scaffolding）的觀點，能對兒童語文、互動與學習之發展具有促進作用。

問題思考

　　一、養成兒童閱讀興趣不是短時間可看出成效的，目前到宅親子共
　　　　讀，對於新移民家庭所提供之協助與支持，因經費與輔導員異動

的關係，也有可能造成成效不顯著的情形，如何妥善規劃長期永續的方案，或結合民間力量共同執行是需要進一步探討的議題。

二、目前坊間有適合親子共讀的書單，如教育部 99 年「0-3 歲閱讀起步走」（附錄一）與教育部悅讀 101──新生閱讀起步走書單（附錄二），但對於新移民家庭親子共讀，兒童局或相關單位並沒有提供相關書單，這對新移民家庭在選書上會造成困擾。沒有選書工具會造成推展親子共讀的障礙，應如何解決？是否可以參考教育部之書單作為選書的工具？

參考文獻

一、中文部分

內政部（2011）。內政部入出國及移民署 99 年度補助地方政府辦理外籍配偶生活適應輔導成果報告。2011 年 3 月 8 日，取自網址：http://www.immigration.gov.tw/lp.asp?ctNode=31540&CtUnit=17111&BaseDSD=7&mp=1。

中華民國資深記者協會（2011）。新臺灣之子教育向前行。2011 年 3 月 8 日，取自網址：http://srnews.com.tw/news_r.asp?id=85&xid=888&cid=113。

李佩琪（2004）。幼稚園親子共讀圖畫書研究。國立臺東大學兒童文學研究所碩士論文，未出版，臺東市。

林玉珠、盧繡珠、張楓明、蔡曉玲、莊絗婷（2008）。新住民及弱勢家庭兒童學前啟蒙服務成效之初探：以親子共讀為例。稻江學報，3(1)，176-190。

林佳慧（2004）。低收入幼兒家庭親子共讀類型之探究。國立臺北師範學院幼兒教育學系碩士班碩士論文，未出版，臺北。

林敏宜（2000）。圖畫書的欣賞與運用。臺北：心理。

林純宇（2005）。陪孩子閱讀。屏縣教育，24，44-45。

林璣萍（2003）。臺灣新興的弱勢學生──外籍新娘子女學校適應現況之研究。國立臺東大學教育研究所碩士論文，未出版，臺東市。

兒童局（2004）。外籍配偶及弱勢家庭兒童學前啟蒙服務計畫。2011 年 3 月 20 日，取自網址：http://www.cbi.gov.tw/CBI_2/internet/main/index.aspx。

吳幸玲（2004）。讀了千遍也不厭倦。學前教育，27(4)，62-63。

周育如、張鑑如（2008）。親子共讀對幼兒敘說故事主角心智狀態的影響效果，教育心理學報，40(2)，261-282。

洪蘭（2006）。閱讀與腦部發展。2011 年 2 月 17 日，取自網址：http://www.lcenter.com.tw/material/camp-2.pdf。

柳雅梅（2002）。親師運用閱讀協助單親孩子。國教天地，147，80-84。

柯華葳（2007）。親子共讀 4 招提升閱讀力。自由電子報。2011 年 2 月 17 日，取自網址：http://www.libertytimes.com.tw/2006/new/nov/1/today-family1.htm。

陳佩足、陳小云（2003）。外籍子女的語言發展問題。國小特殊教育，35，68-75。

陳淑雯（2002）。親子共讀團體輔導對健康家庭親子關係和家庭氣氛輔導效果之研究。屏東師範學院教育心理研究所碩士論文，未出版，屏東市。

教育部（2011）。閱讀起步走——送給小學新鮮人一生最好的禮物：教育部國民小學一年級新生閱讀推廣計畫。2011 年 2 月 17 日，取自網址：http://www.edu.tw/news.aspx?news_sn=3806。

教育部統計處編（2011）。外籍配偶子女就讀國中小人數分布概況統計。2011 年 2 月 25 日，取自網址：http://www.edu.tw/files/site_content/b0013/son_of_foreign_99.pdf。

程蘊嘉（2005）。激發孩子創造力——親子閱讀。全國新書資訊月刊，76，11-16。

張家齊（2006）。愛、分享與堅持——新移民女性參與親子共讀之研究。國立新竹教育大學幼兒教育學系碩士班碩士論文，未出版，新竹市。

黃卓琦（2004）。不同社經地位親子共讀之比較研究。政治大學語言研究所碩士論文，未出版，臺北。

黃瑞琴（1993）。幼兒的語文經驗。臺北：五南。

黃迺毓（2002）。享受閱讀——親子共讀有妙方。臺北：宇宙光。

黃迺毓（2005）。閱讀，讓親子攜手成長。天下雜誌教育特刊親子別冊。天下文化。

齊若蘭、游常山與李雪莉（2003）。閱讀——新一代知識革命。臺北：天下雜誌。

廖永靜、林淑玲（1999）。學習型家庭理論與新課題，載於學習型家庭理論與實務研討會會議手冊（臺北：國立臺灣師範大學家政教育系，1999），1-14。

廖月瑛（2009）。臺南市學前兒童啟蒙方案「到宅輔導」模式之成效研究。中華醫事科技大學 97 學年度教育部研究獎助計畫。

蔡玲主編（2004）。打造孩子閱讀的桃花源：親子共讀指導手冊。臺北市教育局。

蔡奇璋（2004）。外籍配偶參與國小子女學習的障礙及其解決途徑之研究。國立中正大學成人及繼續教育研究所碩士論文，未出版，嘉義。

鄭碧招（2004）。親子共讀對親子關係影響之研究——以臺南縣國小高年級學生與家長為例。國立嘉義大學家庭教育研究所碩士論文，嘉義。

鄧蔭萍（2009）。讓我們一起來讀書：探討「到宅親子共讀課程」對新移民家庭之影響。臺

灣圖書館管理季刊，5(4)，58-72。

錡寶香（1998）。發展遲緩及障礙嬰幼兒語言能力之評量介入。特教園丁，14(2)，22-30。

薛荷玉（2011）。增加升學輔導助新移民子女。2011 年 4 月 01 日，取自網址：http://mag. udn.com/mag/campus/storypage.jsp?f_ART_ID=310915。

劉漢玲（2004）。推動親子共讀活動與幼兒閱讀行為之研究。國立臺灣師範大學人類發展與家庭研究所碩士論文，未出版，臺北。

劉滌昭譯（1995），松居直著。幸福的種子──親子共讀圖畫書。臺北市：臺灣英文雜誌。

蘭美幸（2005）。外籍配偶的親子共讀在親職教育上之應用──以圖畫書為例。國立臺東大學兒童文學研究所碩士論文，未出版，臺東。

二、英文部分

Bus, A. (2002). *Joint caregiver-child storybook reading: A route to literacy development.* In S. B. Newman & D. K. Dickinson (Eds.), Handbook of early literacy research. (pp.179-191). New York: The Guilford Press.

Encyclopedia Britannica (2011). Reading. Retrieved March 19, 2011, http://www.britannica.com/ EBchecked/topic/492846/reading.

Fisch, S. M., Shulman, J. S., Akerman, A., Levin, G. A. (2002). Reading between the pixels: Parent-child interaction while reading online storybooks. *EarlyEducation & Development*, 13(4), 435-451.

Fletcher, K. L., & Reese, E. (2005). Picture book reading with young children: A conceptual framework. *Developmental Review*, 25, 64-103.

Huebner, C. E., & Meltzoff, A. N. (2005). Intervention to change parent-child reading style: A comparison of instructional methods. *Journal of Applied Developmental Psychology,* 26(3), 296-313.

Morrow, L. M. (1983). Home and school correlates of early interest in literature. *Journal of Education Research*, 76, 221-230.

Ramey, C. T., & Ramey, S. L. (2004). Early educational interventions and intelligence: Implications for Head Start. In Zigler, E., & Styfco, S. J. (Eds.), The Head Start Debates (pp.3-17). MD：Paul H. Brookes.

Skinner, B. F. (1957). *Verbal behavior*. New York: Appleton-Century-Crofts.

Wise, S., Silva, L., Webster, E., & Sanson, A. (2005). The efficacy of early childhood interventions. Retrieved March 19, 2011, from http://www.aifs.gov.au/institute/ pubs/ resreport14/ aifsreport14.pdf.

附錄一：教育部 99 年「0-3 歲閱讀起步走」閱讀書單

編號	書名	作者	出版社	出版年
1	米米愛模仿	周逸芬	和英	2009
2	米米說不	周逸芬	和英	2008
3	波波生日快樂	Lucy Cousins	青林	2006
4	牛來了	張振松	信誼	2003
5	抱抱	傑茲・阿波羅	上誼	2006
6	早起的一天	賴馬	和英	2002
7	小貓頭鷹	馬丁・韋德爾	上誼	1998
8	晚安猩猩	佩琪・芮士曼	上誼	2001
9	母雞蘿絲去散步	佩特・哈群斯	上誼	1993
10	月亮晚安	馬格麗特・懷茲	上誼	2002
11	我的衣裳	西卷茅子	遠流	1997
12	紅龜粿	王金選	上誼	1991
13	我會自己穿衣服	唐・班特利	三之三	2008
14	你看到我的小鴨嗎？	南西・塔富利	臺英	1997
15	遊戲時間躲貓貓	DK	上誼	2005
16	張開大嘴呱呱呱	肯思・福克納	上誼	1996
17	親愛的動物園	羅德・坎貝爾	上誼	2001
18	紅圓圓和黑圓圓	上野與志	上誼	2005
19	小波在哪裡？	艾瑞克・希爾	上誼	2003
20	小波會數數	艾瑞克・希爾	上誼	2009
21	好忙的蜘蛛	艾瑞・卡爾	上誼	1992
22	好餓的毛毛蟲	艾瑞・卡爾	上誼	2005
23	古利和古拉	中川季枝子	上誼	2008
24	和甘伯伯去遊河	約翰・伯寧罕	阿爾發	2009
25	神奇畫具箱	林明子	阿爾發	2009
26	小繪本大世界 15—擦擦擦	瀨名惠子	臺灣麥克	2005
27	小繪本大世界 13—哇哇大哭	瀨名惠子	臺灣麥克	2005
28	棕色的熊、棕色的熊、你在看什麼	比爾・馬丁	上誼	1999
29	好髒的哈利	金・紀歐	遠流	1996
30	我的蠟筆	長新太	維京國際	2007
31	阿文的小毯子	凱文・漢克斯	三之三	1998

編號	書名	作者	出版社	出版年
32	鱷魚怕怕牙醫怕怕	五味太郎	上誼	1998
33	小金魚逃走了	五味太郎	上誼	1987
34	窗外送來的禮物	五味太郎	上誼	2000
35	誰吃掉了？	五味太郎	上誼	2006
36	媽媽的小褲褲	山崗光	小魯	2006
37	打開傘	李紫蓉	信誼	2002
38	小雞逛超市	工藤紀子	小魯	2006
39	媽媽買綠豆	曾陽晴	上誼	2008
40	猜猜我有多愛你	山姆・麥克布雷尼	上誼	2008
41	小鵪鶉捉迷藏	木本百子	上誼	2005
42	快樂的小熊 — 爸爸跟我玩	渡邊茂南	上誼	1983
43	艾瑪玩捉迷藏	大衛・麥基	和英	2005
44	娃娃體操	姬塔・紐坎姆	臺英	1997
45	鼠小弟捉迷藏	中江嘉男	小魯	2007

附錄二：教育部悅讀 101——新生閱讀起步走書單

編號	書名	出版社	出版年	findbook 簡介
1	三隻餓狼想吃雞	三之三	2006	http://findbook.tw/book/9789867295118/basic
2	怕浪費的奶奶	三之三	2006	http://findbook.tw/book/9789867295149/basic
3	是狼還是羊	三之三	2008	http://findbook.tw/book/9789867295439/basic
4	鱷魚和長頸鹿～搬過來搬過去	三之三	2007	http://findbook.tw/book/9789867295316/basic
5	小羊睡不著	三之三	2001	http://findbook.tw/book/9789572089163/basic
6	奧力佛是個娘娘腔	三之三	2001	http://findbook.tw/book/9789572089064/basic
7	愛思考的青蛙	上誼	2006	http://findbook.tw/book/9789577624154/basic
8	全部都是我的寶貝	大穎	2007	http://findbook.tw/book/9789867235398/basic
9	大頭妹	小魯	2004	http://findbook.tw/book/9789867742698/basic
10	牙齒掉了	小魯	2006	http://findbook.tw/book/9789867188335/basic
11	我是霸王龍	小魯	2006	http://findbook.tw/book/9789867188366/basic
12	雞蛋哥哥	小魯	2006	http://findbook.tw/book/9789867188342/basic
13	因為爹地愛你！	小魯	2007	http://findbook.tw/book/9789867188984/basic
14	你永遠是我的寶貝	小魯	2008	http://findbook.tw/book/9789862110805/basic
15	快要來不及了	小魯	2008	http://findbook.tw/book/9789862110492/basic
16	圖書館老鼠	小魯	2008	http://findbook.tw/book/9789862110485/basic
17	壞心情	小魯	2007	http://findbook.tw/book/9789862110089/basic
18	鼴鼠寶寶挖地道	小魯	2007	http://findbook.tw/book/9789867188892/basic
19	真假小珍珠	天下	2007	http://findbook.tw/book/9789867188892/basic
20	換換書	天下	2008	http://findbook.tw/book/9789866759758/basic
21	平底鍋爺爺	東方	2006	http://findbook.tw/book/9789575708207/basic
22	聰明的波麗和大野狼	東方	2007	http://findbook.tw/book/9789789575701/basic
23	你在開玩笑嗎？	米奇巴克	2008	http://findbook.tw/book/9789868456600/basic
24	天空為什麼是藍色的	和英	2000	http://findbook.tw/book/9789579753418/basic
25	永遠愛你	和英	2000	http://findbook.tw/book/9789579828123/basic

編號	書名	出版社	出版年	findbook 簡介
26	南瓜湯	和英	2001	http://findbook.tw/book/9789573048381/basic
27	星月	和英	1999	http://findbook.tw/book/9789579828178/basic
28	米米說不（附中英雙語 CD）	和英	2008	http://findbook.tw/book/9789867942999/basic
29	一個不能沒有禮物的日子	和英	2006	http://findbook.tw/book/9789867942364/basic
30	土撥鼠的禮物	和英	2002	http://findbook.tw/book/9789867942029/basic
31	小石獅	和英	2005	http://findbook.tw/book/9789867942661/basic
32	沒毛雞	和英	2005	http://findbook.tw/book/9789867942241/basic
33	京劇貓・長坂坡	和英	2007	http://findbook.tw/book/9789867942937/basic
34	黑白村莊	和英	2007	http://findbook.tw/book/9789867942791/basic
35	媽媽，外面有陽光	和英	2003	http://findbook.tw/book/9789867942388/basic
36	誰最有勇氣？	和英	2007	http://findbook.tw/book/9789867942906/basic
37	阿志的餅	青林	2008	http://findbook.tw/book/9789866830556/basic
38	一日遊	信誼	2008	http://findbook.tw/book/9789861612560/basic
39	子兒，吐吐	信誼	2005	http://findbook.tw/book/9789861610597/basic
40	古利和古拉	信誼	2008	http://findbook.tw/book/9789861612744/basic
41	受傷的天使	信誼	2005	http://findbook.tw/book/9789861610269/basic
42	啊！腳變長了！	信誼	2005	http://findbook.tw/book/9789861610276/basic
43	貪吃的狐狸	信誼	2005	http://findbook.tw/book/9789861610214/basic
44	請問一下，踩得到底嗎？	信誼	2006	http://findbook.tw/book/9799861611029/basic
45	癩蝦蟆與變色龍	信誼	2008	http://findbook.tw/book/9789861612584/basic
46	明天就出發	信誼	2005	http://findbook.tw/book/9789861610474/basic
47	媽媽買綠豆（20週年紀念版）	信誼	2008	http://findbook.tw/book/9789861612607/basic
48	葉子鳥	信誼	1988	http://findbook.tw/book/9789576421396/basic
49	不要親我！	音樂向上	2004	http://findbook.tw/book/9789572815786/basic
50	大象男孩與機器女孩	格林	2006	http://findbook.tw/book/9789577459374/basic
51	不睡覺的小孩	格林	2004	http://findbook.tw/book/9789577457226/basic

編號	書名	出版社	出版年	findbook 簡介
52	我不想長大	格林	2007	http://findbook.tw/book/9789861890081/basic
53	無敵鐵媽媽	格林	2007	http://findbook.tw/book/9789861890128/basic
54	長頸鹿量身高	格林	2006	http://findbook.tw/book/9789577459084/basic
55	小圓圓跟小方方	國語日報	2008	http://findbook.tw/book/9789577515483/basic
56	我有兩條腿	國語日報	2008	http://findbook.tw/book/9789577515438/basic
57	影子和我	國語日報	2008	http://findbook.tw/book/9789577515476/basic
58	奶奶慢慢忘記我了	奧林文化	2007	http://findbook.tw/book/9789570391763/basic
59	山丘上的石頭	道聲	2008	http://findbook.tw/book/9789866735219/basic
60	阿松爺爺的柿子樹	道聲	2007	http://findbook.tw/book/9789867460967/basic
61	白雲麵包	維京	2005	http://findbook.tw/book/9789867428424/basic
62	逛了一圈	維京	2005	http://findbook.tw/book/9789867428356/basic
63	5 隻小紅怪	遠流	2007	http://findbook.tw/book/9789573261117/basic
64	姊姊好聰明喔！	遠流	2007	http://findbook.tw/book/9789573261124/basic
65	種子笑哈哈	遠流	2007	http://findbook.tw/book/9789573260103/basic

第 **10** 章

新移民家庭的
親職教育需求
與因應策略

錢富美

前言

臺灣是一個移民所組成的社會，在原來的人口結構中，有「原住民」、「本省籍」、「客家人」、「外省族群」。近年來，臺灣因為婚姻移民日增，使得國內的人口結構與家庭結構產生很大的變化。根據內政部自1987年起至2011年3月底的統計，外籍配偶人數共計44萬7,672人，其中為外國籍者為14萬8,065人（33.07%），大陸籍者為28萬7,448人（64.21%），港澳地區者為1萬2,159人（2.72%）。大陸籍配偶以女性為主，有27萬4,827人（96%），男性人數比例相對較低（4%），但亦有1萬2,621人；港澳地區配偶的性別比例較平均，女性有6,594人（53%），男性有5,565人（47%）；外籍配偶亦是女性占大多數，有13萬5,528人（93%），男性有1萬2,537人（7%）（內政部，2011a）。以此調查資料顯示，因婚姻移民至臺灣的女性新移民（外籍新娘）已超過41萬人，可說是臺灣的第五大族群；而這些女性新移民所生育的子女數（新移民子女），在2010年即占臺閩地區的出生人口率約為8.7%。亦即，臺灣地區每年所出生的嬰兒中，平均每十一名就有一名為新移民的子女，因此在臺灣也逐漸形成「新移民的社會」（內政部，2011b）。

隨著新移民家庭的增多，有關其生活適應、親子教養等問題也逐漸被重視，因新移民中以女性的人數居多，本文從相關研究（紀詩萍，2007；潘淑滿，2004；顧燕翎、尤詒君，2004）歸納出新移民女性的生活適應問題包括：

1. 在新移民個人生活方面：有種族歧視與文化偏見所造成的壓力、語言溝通隔閡與文化差異的問題。
2. 在新移民家庭關係方面：商品化的婚姻導致夫家嚴密監控、短期婚配導致婚姻穩定性不足、婚姻暴力問題、新臺灣之子的教育問題與壓力、價值觀念歧異的問題等。
3. 在新移民社會適應方面：社會支持系統薄弱、就業限制與經濟壓力、缺乏醫療與優生保健知識、與學校教師的溝通問題等。

　　另外根據內政部入出國及移民署全球資訊網的調查「97 年外籍與大陸配偶生活需求調查結果摘要分析」（內政部，2010），結果發現新移民家庭的需求包括：生活服務（保障就業權益、提供生活救助措施、協助子女就學）、衛生醫療（提供醫療補助、提供幼兒健康檢查、提供育嬰育兒知識、產前產後指導）、受訓課程與教育（衛生保健常識、親職教育、育嬰常識、醫療照護技能、婦幼安全資訊、就業訓練等）。

　　綜上所述可知，隨著新移民家庭數量增加，新移民家庭的需求與資源也跟著增加。因此我國政府為協助新移民家庭的生活適應以及保障其權益，於 2004 年 9 月 10 日修訂「外籍與大陸配偶照顧輔導措施」，針對新移民家之需求，規劃生活適應輔導、醫療優生保健、保障就業權益、提升教育文化、協助教養子女、保護人身安全、健全法令制度及落實觀念宣導等八大重點工作，並由各級政府與各部會負責各項具體措施。然而政府的相關政策卻未必符合新移民家庭的需求，因為全國性的施行措施不一定符合各地方政府的需要。

　　雖然政府與民間團體提供新移民家庭所需的的社會資源，但是新移民家庭仍然有資源不足的困境。以親職教育問題而言，新移民女性面臨了許多子女教養的問題與壓力，研究指出（王宏仁，2001；沈姿君，2007；許雅惠，2004），在新移民家庭中，子女的教養責任大都落在外籍配偶身上，其需負擔的工作包括家務工作、照顧子女的安全與傳宗接代的任務，然而對新移民女性而言，需要各項的資源以協助其所擔負的工作。

　　從新移民家庭的生活適應與需求來看，新移民家庭需要相當多的資源與協助，從而能融入臺灣的社會中，以減少其在個人、家庭、社會所面臨的困境。而為瞭解新移民家庭的現況、問題與需求，目前以新移民為主要研究議題者相當多，本文著重於從新移民家庭的生活適應問題中，進一步瞭解新移民家庭的親職教育問題與需求，進而提出因應策略。

藉由新移民家庭親職教育問題的探討，本文之學習目標如下：
一、瞭解新移民家庭的生活適應與親職教育問題
二、分析新移民家庭的親職教育需求
三、提出新移民家庭親職教育的因應策略

一 新移民家庭的生活適應與親職教育需求

　　為瞭解新移民家庭的生活適應與親職教育問題，本文首先說明親職教育的內涵，其次從新移民家庭的生活適應問題進一步瞭解親職教育的需求。

(一)親職教育的內涵

　　家庭是影響個人成長、學習與社會化的一個重要的場所，父母擔任教育子女的重責大任，因此親職教育的重要性不言可喻。中外學者從不同的角度對於親職教育（parental education）所下的定義眾多，例如黃德祥（2006）認為：親職教育就是父母如何瞭解子女的身心發展與需求，善盡父母職責，以協助子女有效成長的一門學問。郭靜晃（2009）將之定義為：親職教育意涵著「父職教育」與「母職教育」，亦即教導父母如何扮演其父與其母之職分的角色行為；它也是一終身的成人教育，以父母為對象，藉由正式與非正式課程施予專業教育，藉以培養教養子女的專業知能，以助於成為有效能的父母。Shritz（1988）指出親職教育是教導父母具備正確教養子女的觀念和能力的教育，使成為成功稱職的父母。Stevens（1989）認為親職教育主要目標是協助父母有效能的教養子女，不管形式為何都可稱為親職教育。

　　由此可以瞭解父母在親職教育方面需要專門的教養知能，並非天生就具備這方面的知能，以新移民家庭而言，父職教育與母職教育的角色也需要一些正式與非正式課程的專業教育，以協助新移民家庭在親職教育所遭遇的問題。

(二)新移民家庭母親的生活適應與親職教育問題分析

對新移民家庭的親職教育來說，其子女教養職責大都落在外籍配偶身上（王宏仁，2001），亦即從「母職教育」方面來看，新移民女性實質肩負著大多數的子女教養責任。對新移民女性而言，其本身已面對生活適應等各項問題，在子女教養方面，會面臨更多的壓力與挑戰，從相關研究中可以歸納出以下幾項原因（林佩芬，2004；吳清山，2004；洪淑萍，2008；陳美惠，2002；陳素甄，2008；蔡奇璋，2004；鍾重發，2003）：

1.新移民女性面對親職教育中的文化衝突與調適

新移民女性經由跨國婚姻來到臺灣，在適應生活的同時，也面臨文化衝擊，以 Oberg（1960）將文化衝擊分為四個階段：蜜月階段、敵視階段、恢復階段與調適階段來看，新移民女性進入臺灣家庭之初始，為抱有憧憬之甜蜜階段，然而接著面對語言、生活習慣與人際關係之困擾，會產生敵視，為解決生活適應之問題，接受成人教育課程與相關資源，進入到恢復階段與調適階段（劉秀燕，2003）。

新移民家庭因為跨國婚姻的組成，夫妻有各自的文化體系與背景，在親職教育中會各自秉持其文化認知來教養子女。然而新移民女性在親職教育中所面對的文化衝擊，則是與夫家在教養觀念上的差異，同時也面對「教養權責缺乏」的壓力。研究指出（王淑清、吳雅玲，2008；王筱雲，2005；劉美芳，2001），新移民女性在臺灣的家庭中，在面對教養子女時，會因其原生文化與臺灣社會有所差異，而與家人產生衝突；此外，一般新移民女性的家人認為其原生國文化是隱形、遭受壓抑甚至是被歧視的，而使得新移民女性無權決定自己如何教養子女及學習外來語，使其對「母親」此角色產生了質疑與衝突。

2.新移民女性的社經地位與教育程度偏低

從社經地位與教育程度分析臺灣新移民家庭的組成，可以發現不少跨國婚姻家庭之社經地位偏低，以及新移民女性的教育程度偏低的情況（王宏仁，

2001；許雅惠，2004），進而影響新移民家庭取得社會資源的不易。而在教養子女的過程中，常因工作壓力與教養知能不足，無法給予適當的文化刺激與經驗，導致錯失教養子女的關鍵期，而造成孩子學習遲緩與生活適應困難。

3.新移民女性擔負多重角色，無暇照顧子女

新移民女性不僅擔負大多數的家務工作，同時也擔負家庭的經濟重擔，研究指出（蔡奇璋，2004）新移民家庭普遍屬於低社經地位，父母皆為生計而忙碌，而新移民女性為了給孩子較好的物質環境，需要努力工作賺錢，不僅在養育孩子與工作中疲於奔命，也缺少與孩子相處和照顧的時間。

4.語言溝通問題

語言溝通是大多數新移民女性來到臺灣後所需面對的最大問題，因為語言不通，除了造成新移民女性與家人、外界的溝通困擾外，也易使其生活陷於孤立，不易取得社會資源。在親職教育方面，若母親的中文能力不足，會影響幼兒的語言發展，導致幼兒的發展呈現遲緩假象。

5.育兒知能的不足

根據內政部統計處（2006）資料顯示，2003 年東南亞外籍新娘結婚平均年齡為 24.9 歲，比本國籍新娘 28.6 歲年輕許多；另外新移民女性嫁入臺灣家庭後，大約在婚後兩年即生下第一胎，例如越南外籍配偶生第一胎的時間約為 16 個月，比臺灣婦女提早一倍（王宏仁，2001）；再加上新移民女性缺少原生家庭的援助，因之在育兒知能方面會稍嫌不足，從而影響其對子女的照顧與教養。相關研究指出（鄧中階，2005；熊辛蘭，2006），新移民女性在「親職教育需求」以「瞭解子女身心發展的需求」為最高，而子女數較少、子女是幼兒階段、婚齡較短的新移民女性，會有較高的「育兒知識」需求；此外從內政部（2010）針對外籍配偶的生活狀況調查得知，外籍配偶在衛生醫療需求上，最重要需求為「提供幼兒健康檢查」，可見新移民女性在育兒知能的迫切需要。

6.學齡子女的管教問題

　　前述提及新移民女性擔負多數的子女教養的責任，然而在其子女進入學齡階段時，新移民女性因語言、識字等問題，無法充分擔負起子女的教育問題。有關新移民子女教育問題的相關研究非常多，吳俊憲、吳錦惠（2007）分析以新臺灣之子教育議題的相關研究發現，研究主題包括四種面向：

(1) 自我個人因素的相關主題：包括智力發展、語文能力發展、個體身心發展、自我概念、自尊、自我效能、自我價值感、行為表現、人格特質等。

(2) 家庭環境因素的相關主題：包括家庭社經地位、家庭教育資源投入、父親職業、父母親的教育程度、婚姻狀況、母親的國籍背景、語文能力、教育期望、家長參與學習、教養態度、親子互動等。

(3) 學校環境因素的相關主題：包括學校生活適應、學習適應、課業學習、學習態度、學習表現、社交地位、同儕關係、師生互動與溝通、學校活動參與、接受學前教育等。

(4) 社會環境因素的相關主題：包括社會刻板印象、媒體報導偏見、社區資源支援、民間組織介入等。

　　在新移民女性的親職教育需求的調查研究中（李明臻，2006；林振隆，2005；羅瑞玉，2005），以「教養子女的知識與技能需求」的層面最高，她們希望能學習有效管理子女的方法、學習如何適當讚美或批評小孩表現的知識、學習培養小孩良好飲食及生活習慣的知識，以及指導子女學習以提升子女學習的方法等。

　　綜上所述，對於新移民子女的身心健康與成長環境、家庭教育品質、家長的教育參與、家庭文化與學校文化的調適情形、語言學習問題、學習適應與學習成就、文化認同、學校及社會環境存在之偏見與歧視的問題來看，學校與社會都應提供新移民子女一個良好的教育環境，以協助新移民及其子女適應本土社會的生活。

7.社會資源網絡不彰，造成新移民女性獲取資源不易

新移民女性因跨國婚姻而面對文化衝擊時，需要多元的社會資源來協助其所面臨的生活適應問題，針對新移民女性所需的社會資源，從相關研究可以歸納出幾點（李玫蓁，2002；李瑛，2006；郭宥均，2007；羅美紅，2004）：

(1) 地方政府應整合教育局、民政局、社會局、衛生局等相關資源，提供整體性的服務，設置新移民配偶專案諮詢窗口與網絡，協助新移民解決語言、教育、救助、就業、保健衛生、生活照顧等各項問題。

(2) 提供新移民各種服務體系之支持（諸如各種民間非營利組織），礙於服務體系之支持受其地域性或時間性的侷限，則必須由政府機關介入，以補充民間服務體系支持不足之處。

(3) 為新移民家庭建立其社會支持系統，如建立新移民彼此間之聯繫網絡，除提供與其生活、學習、法律及社會福利等相關資訊，並儘可能以雙語諮詢提供服務外，應多設置新移民學習資源中心及發展各類學習。

由上述可知，要協助新移民家庭能有更簡便獲取的社會資源，並符合新移民家庭的需求，以減低新移民家庭在面對生活適應上的各種問題，進而促使新移民女性擁有更好的親職教育的知能。

(三) 新移民家庭親職教育需求

從新移民家庭所面對的生活適應問題可知其在親職教育方面的需求是多方面的，例如高淑清（2007）所編的《新移民親職教育教材手冊》，將親職教育方案分為八類：飲食與營養、兒童保健、親子互動、親子溝通、親職教養、親子共讀、學校資源與親師合作、社區資源。另外針對新移民家庭親職教育問題需求的調查與研究相當多，以下整理對於新移民家庭親職教育需求的相關研究（王淑清、吳雅玲，2008；甘玉霜，2005；沈姿君，2007；林振隆，2004；邱華鑫，2008；洪淑萍，2008；高淑清編，2007；張淑芬，2002；陳里鳳，2006；熊辛蘭，2005；鍾鳳嬌、趙善如、王淑清、吳雅玲，2010），將新移民家庭的親職教育需求分為幾大面向：

1.文化適應與家庭經營

協助新移民女性瞭解與學習跨國婚姻中的文化差異與生活習慣，學習經營新移民家庭的婚姻生活與夫妻關係、家庭成員的相處方式，以降低家庭中的衝突，增進家庭的和諧氣氛。

2.子女的教養與親子關係的建立

新移民女性擔負教養子女的責任，然而新移民家庭中會因教養方式的不同而引發家人之間的衝突。此外多數新移民女性也肩負家庭的經濟重擔，因工作繁忙而減少與子女的相處時間。因此新移民家庭需要以尊重多元文化的態度協助新移民女性對子女的教養，並給予建立良好的親子關係。

3.子女學校教育與適應

新移民家庭的子女開始接受學校教育後，新移民女性受限於語言能力，對子女的課業與生活輔導常感到力不從心，因此學校需要提供新移民家庭親職教育的課程與活動，以協助新移民女性瞭解子女學校教育的相關資訊，並提升其親職教育所需的知能。

4.社區與教育資源

新移民女性為生活適應與子女教養問題，會運用社區資源，以強化適應改變的能力。社區能為新移民家庭所提供的資源包括社區中的夫妻成長團體、家庭諮詢中心、健康中心、成人繼續教育、新手媽媽的協助、社區托育服務、兒童課後輔導、青少年的社區支持、圖書館資源的提供、安全的休閒環境等（周麗端、黃明月、杜政榮、唐先梅，2007）。

5.社會資源網絡

新移民在親職教育方面，需要多元的社會資源與協助，因此政府及相關單位、民間團體及學校針對新移民家庭提供相關的社會福利措施。

為符應新移民家庭數量增加的現況與需求，我國內政部於 2010 年最新修訂之「外籍與大陸配偶照顧輔導措施」將工作重點分為：生活適應輔導、

醫療生育保健、保障就業權益、提升教育文化、協助子女教養、人身安全保護、健全法令制度、落實觀念宣導等八大項，並訂有各大項的具體措施（內政部，2010）。

此外政府為強化新移民家庭服務與資源的整合性，內政部依據「外籍配偶照顧輔導基金收支保管及運用辦法第 4 條規定，擬訂「內政部設置外籍配偶家庭服務中心實施計畫」，鼓勵與補助各地方政府設立「外籍配偶家庭服務中心」，希望能至少建置四項基本服務：(1) 關懷與訪視；(2) 個案管理服務；(3) 整合、連結社區服務據點；(4) 資源支持服務網絡，包括個人支持、家庭支持、社會支持、資訊支持與經濟支持等相關服務與資源網絡。

因應新移民家庭的生活適應問題與親職教育的需求，政府與各相關單位已逐年加強對新移民家庭的社會福利措施與資源的提供，希望藉以減輕新移民家庭親職教育的壓力。然而面對新移民家庭的親職教育問題是非常多元與複雜的，需要有更全面的措施，以協助新移民家庭的親職教育需求，以下提出幾項因應措施。

二 新移民家庭親職教育問題之因應策略

(一) 針對新移民家庭的需求，實施全面性的親職教育

新移民家庭在生活適應的需求是非常多元的，如何滿足新移民家庭的需求，需要政府及相關單位的相互配合，提出適當之政策，以解決新移民家庭在生活適應與親職教育的問題。例如中央政府（如教育部、內政部）辦理「外籍配偶家庭終身學習成果博覽會」，協助縣市家庭教育中心辦理外籍配偶家庭學習活動，辦理外籍弱勢兒童之親職輔導活動，設立外籍配偶教育專題網站等，結合民間團體以協助新移民家庭獲得各項資源；地方縣市政府針對新移民家庭所進行的親職教育工作包括：生活適應輔導、外籍配偶生活適應輔導窗口、發送各種語言輔導手冊、提供社區化服務據點、辦理外籍配偶成人教育研習班及家庭教育活動等。

由上可知，政府及相關單位、民間團體對新移民家庭所提供之親職教育

需求相當多元，但對新移民家庭來說，應該整合各界資源，提供最佳之服務，並加強宣導福利服務措施、建立新移民家庭諮詢系統與家庭資源中心，以促使新移民家庭能利用各種資源以解決其親職教育的問題。

(二)提供新移民家庭內外部教養的支持網絡，以減輕其親職壓力

新移民家庭面對跨國婚姻中的文化差異與生活適應之問題，需要家庭內外部之支持網絡，以協助新移民女性面對子女教養之壓力。在家庭內的支持網絡包括：家人支持新移民女性參與親職教育之相關課程、提供新移民女性教養子女的協助等；在外部支持網絡方面，包括：建立友人之支援、情緒上的支持，新移民家庭所在之社區及鄰里應成立外籍配偶家庭關懷網絡，提供新移民女性親職教育課程、知能或專業訓練，或是成立學習成長團體，以協助新移民女性能融入家庭與社區的生活，此外也可開設外籍配偶原生文化學習班，提供新移民家庭成員學習瞭解外籍配偶的語言及文化，以促進跨國婚姻中的溝通與情感的交流。

(三)擴大新移民家庭親職教育的輔導對象，以提升輔導成效

新移民女性在子女教養方面，面對文化之衝擊與來自夫家的教養壓力，因此新移民家庭在選擇跨國婚姻前，宜先瞭解新移民女性之原生國文化背景、生活習慣等，接著給予新移民女性情緒上的支持，協助新移民女性，以減少其在生活適應與親職教育方面的壓力。另外家人的支持對新移民女性參與親職教育具有影響力，家人支持度高的新移民女性較有參與親職教育的動機（陳里鳳，2006；陳素甄，2008）。因此針對新移民女性在親職教育方面的需求，應將新移民家庭之成員也納入輔導之對象，當家庭成員對於彼此之文化背景、生活習慣及價值觀念都能給予尊重、互相支持時，自然能減低新移民女性在生活適應與親職教育上之壓力。

(四)開設多元的親職教育課程，以提升學校與新移民家庭之互動

新移民家庭在面對子女入學後的學習與適應狀況，需要有老師與學校的支援與協助，因此學校可以開設多元的親職教育課程或活動，協助新移民女

性瞭解子女的在學狀況，並提升親師之間的溝通與互動。例如協助新移民女性的語言溝通或識字能力的提升，以解決對子女課業輔導的問題；提供新移民家庭多元的溝通管道，以解決新移民女性在忙碌之餘，也能瞭解子女的就學狀況；辦理各項親師活動，給予新移民女性與子女的互動時間，加強其親子關係。

問題思考

綜合前述關於新移民家庭的現況、新移民家庭的親職教育問題、親職教育需求與因應策略，以下提出幾項問題，期能更為深入瞭解新移民家庭親職教育的問題。

一、臺灣新移民家庭的組成結構為何？其對臺灣社會造成哪些方面的影響？

二、新移民家庭的親職教育問題為何？新移民女性所遭遇的親職教育困境有哪些？

三、新移民家庭的親職教育需求有哪些？你最重視的是哪幾項？為什麼？

四、面對新移民家庭所遭遇的親職教育問題，從政府、社會單位、學校、社區等單位可以提供哪些相關的資源與服務？

參考文獻

一、中文部分

內政部（2004）。外籍與大陸配偶照顧輔導措施。2011年5月10日取自 http://www.immigration.gov.tw/public/Data/08271133171.doc。

內政部入出國及移民署全球資訊網（2011a）。各縣市外籍配偶人數與大陸（含港澳）配偶人數按證件分（申請人數）。2011年5月9日取自 http://www.immigration.gov.tw/public/Attachment/142111393387.xls。

內政部（2011b）。出生數按生母原屬國籍分（按登記日期）。2011 年 5 月 12 日取自 http://www.ris.gov.tw/ch4/static/y2s300000.xls。

內政部入國及移民署全球資訊網（2010）。97 年外籍與大陸配偶生活需求調查結果摘要分析。2011 年 5 月 9 日取自 http://www.immigration.gov.tw/public/Data/091020261071.doc。

內政部入國及移民署全球資訊網（2010）。外籍與大陸配偶照顧輔導措施。2011 年 5 月 9 日取自 http://www.immigration.gov.tw/public/Data/082711273171.doc。

內政部（2006）。外籍與大陸配偶生活狀況調查。臺北：內政部。線上檢索日期：2011 年 5 月 10 日。網址：http://www.ris.gov.tw/zh_TW/346。

王宏仁（2001）。社會階層化下的婚姻移民與國內勞動市場：以越南新娘為例。臺灣社會研究季刊，41，99-127。

王郁雅（2007）。跨文化差異下新移民女性子女教養之研究。國立中正大學教育研究所碩士論文。

王淑清、吳雅玲（2008）。屏東縣東南亞新移民女性親職教育需求之研究。兒童及少年福利期刊，13，151-165。

王筱雲（2005）。外籍配偶親職效能感課程設計實施與成效評估研究。國立嘉義大學家庭教育研究所碩士論文。

甘玉霜（2005）。屏東地區外籍母親親職角色知覺與親職教育需求之相關研究。屏東教育大學教育行政研究所碩士論文，未出版。

吳清山（2004）。外籍新娘子女教育問題及其因應策略。師友，441，6-12。

吳錦惠、吳俊憲（2007）。新臺灣之子教育議題研究現況與發展趨勢之分析。課程與教學季刊，10(1)，21-42。

李明臻（2006）。彰化縣幼稚園外籍配偶家庭需求研究。國立嘉義大學幼兒教育學系研究所碩士論文。

李玫蓁（2002）。外籍新娘的社會網絡與生活適應——民雄鄉的研究。國立中正大學社會福利研究所碩士論文。

李瑛（2006）。邁向「他者」與「賦權」：新移民女性的學習與教學之探討。教育研究月刊，141，25-36。

沈姿君（2007）。當幼兒教師遇上新移民家長之研究——幼兒教師的親師互動經驗與體驗。國立新竹教育大學幼兒教育研究所碩士論文。

周麗端、黃明月、杜政榮、唐先梅（2007）。家庭、社區與環境。臺北縣蘆洲市：空大。

林佩芬（2004）。苗栗地區臺灣、外籍、大陸育齡婦女育嬰知識、育嬰態度、社會支持與嬰兒生長發育狀況之探討。國立臺北護理學院護理研究所碩士論文。

林振隆（2004）。外籍配偶親職勝任感及親職教育需求之研究。新竹教育大學職業繼續教育研究所碩士論文，未出版。

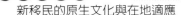
邱華鑫（2008）。臺北市國小學童家長對親職教育的認知與參與需求之調查研究。國立臺北教育大學教育政策與管理研究所碩士論文。

洪淑萍（2008）。新移民女性親職教育方案之行動研究——以家有學齡兒童為例。國立嘉義大學家庭教育與諮商研究所碩士論文。

紀詩萍（2007）。新移民子女學習適應現況及其促進策略。國立臺南大學教育學系課程與教學碩士班碩士論文。

高淑清（2004）。外籍配偶在臺現象對社區家庭教育與政策之啟示。社區發展季刊，105，150-158。

高淑清編（2007）。新移民親職教育教材手冊。臺北：教育部。

張淑芬（2002）。國小學童家長參與親職教育活動需求動機與阻礙之研究。國立嘉義大學家庭教育研究所碩士論文。

許雅惠（2004）。臺灣爸爸的父職經驗——分析臺越文化家庭之親職互動。暨南國際大學社會政策與社會工作系碩士論文。

郭宥均（2007）。新竹市外籍配偶教育政策執行研究。臺北市立教育大學社會科教育研究所碩士論文。

郭靜晃（2009）。親職教育理論與實務。臺北縣：揚智文化。

陳里鳳（2006）。臺北市外籍配偶親職教育需求之研究。國立臺灣師範大學社會教育學系在職進修碩士班。

陳明利（2005）。跨國婚姻下——東南亞外籍新娘來臺生活適應與教養子女經驗之研究。臺北市立師範學院國民教育研究所。

陳美惠（2002）。彰化縣東南亞籍外籍新娘教養子女經驗之研究。國立嘉義大學家庭教育研究所碩士論文。

陳素甄（2008）。中部四縣市外籍配偶親職教育需求之研究。國立臺中教育大學國民教育研究所碩士論文。

黃德祥（2006）。親職教育理論與應用。臺北市：偉華。

熊辛蘭（2006）。外籍配偶親職教育需求與家庭支持之相關研究——以臺中縣成人教育研習班為例。靜宜大學青少年兒童福利學系碩士論文。

劉美芳（2001）。跨國婚姻中菲籍女性的生命述說。國立高雄醫學大學護理學研究所碩士論文，未出版。

劉秀燕（2003）。跨文化衝擊下外籍新娘家庭環境及其子女行為表現之研究。國立中正大學犯罪防治研究所碩士論文。

潘淑滿（2004）。從婚姻移民現象剖析公民權的實踐與限制。社區發展季刊，105，30-43。臺北：內政部。

蔡奇璋（2004）。外籍配偶參與國小子女學習的障礙及其解決途徑之研究。中正大學成人及

繼續教育研究所碩士論文，未出版。

鄧中階（2005）。外籍配偶的成人教育需求之探索性研究。元智大學管理研究所碩士論文。

鍾重發（2003）。支援協助涉入外籍新娘家庭子女學齡前之兒童發展。兒童福利期刊，4，251-258。

鍾鳳嬌、趙善如、王淑清、吳雅玲（2010）。新移民家庭：服務與實踐。臺北市：巨流。

羅美紅（2004）。東南亞籍外籍母親對子女教養信念之探討——以大臺北地區為例。國立臺北師範學院幼兒教育學系碩士論文。

羅瑞玉（2005）。多元文化觀點談外籍配偶的親職教育。屏東教育季刊，22，4-7。

顧燕翎、尤詒君（2004）。建立支持系統及倡導多元文化——臺北市政府社會局外籍與大陸配偶輔導政策。社區發展季刊，105，20-29。臺北：內政部。

二、英文部分

Oberg, K. (1960). Culture shock: Adjustment to new cultural environment. *Practical Anthropologist*, 7, 177-182.

Shritz, J. M. (1988). *The fact on file dictionary of education*. New York: Facts on File.

Stevens, J. H. (1989). *Parent education, in The World Book Encyclopedia, V.15*. World Book, Inc.

第11章

新移民子女班級
經營理念與策略

林政逸

前言

新移民學生人數逐年增加,依教育部統計處資料顯示,99 學年就讀國民中、小學新移民學生數已將近 18 萬人,較 98 學年成長 13.6%(教育部,2011)。新移民及其子女人數日漸增加,引起社會的關注。例如 2010 年 8 月底舉行的第八次全國教育會議,其中第六大議題「多元文化、弱勢關懷與特殊教育」之第二項子議題「擘劃新移民的新教育」,將提升新移民教育服務品質列為重點工作(教育部,2010)。

在中小學學校現場,目前中小學在職教師於職前教育階段並沒有新移民子女教育相關課程,再加上中小學新移民議題活動都由校長或教師自行尋找社區資源辦理相關研習,欠缺系統性的新移民教育文化相關課程,教師們缺乏新移民議題知能及教材教法,因此,強化中小學教師的新移民子女教育專業知能乃是當務之急。面對班級中的新移民子女,教師必須具有正確的專業知能、理念與策略,亦即要帶好新移民子女,可從「知己」、「知彼」兩方面做起:在「知己」方面,教師必須具備有關新移民子女教育相關理念,例如多元文化教育、文化回應教學以及教育機會均等;在「知彼」方面,教師必須充分瞭解新移民子女家庭背景與學校表現情形,營造良好氣氛與友善環境,建立與新移民子女良好的親師生關係。

學習目標

一、瞭解新移民子女教育相關理念
二、瞭解新移民子女家庭背景與學校表現情形
三、能營造良好氣氛與友善環境,建立與新移民子女良好的親師生關係

一 新移民子女教育相關理念

與新移民子女教育相關的理念主要有：多元文化教育（multicultural education）、文化回應教學（culturally responsive teaching）、教育機會均等（equality of educational opportunity）。本文先進行理論上的闡釋，再分析這些理念對於新移民子女教育的相關性與重要性。

(一) 多元文化教育

多元文化教育起源於 1960 年代。它循兩個方向發展：第一是重視各民族或各種族之間，文化的相互認識學習、相互尊重與相互接納；第二是進一步強調在不同種族、性別、宗教、階級、身心殘障、文化不利族群之間，都應有文化的相互認識學習、相互尊重與接納。Banks（1993）將多元文化教育定義為一種概念，是要實現所有的學生都有平等受教育的機會；多元文化教育是一種改革運動，使不同階層、性別、種族及文化的學生都有受平等教育的機會；多元文化教育是一種過程，是不斷為學生的平等受教權持續努力的過程。多元文化教育是一種教育理念及教育改革運動，它透過持續不斷的課程改革與整體教育環境改革途徑，教導學生熟悉自己的文化，能夠自尊自信，它也教導學生去瞭解和欣賞其他微型文化、國家文化及世界文化，養成積極對待其他文化的態度，消除性別、族群、宗教、社會階級、年齡、特殊性等方面存在的偏見與歧視，使每個學生都具有同等的學習機會，都能體驗成功的學習經驗，使族群之間的關係和諧，促進人類之共存共榮，達成世界一家的理想（黃政傑，1993）。多元文化教育的目標很廣泛且具多樣化，但其強調多元、差異與社會行動等概念，以培養學生對不同文化的理解與欣賞，對差異觀點的尊重與包容，消除偏見、提升自我概念是相似的（劉美慧、陳麗華，2000）。

我國近年來相當重視多元文化教育的推行，例如行政院教育改革審議委員會（1996）《教育改革總諮議報告書》，指出「多元文化教育的理念，在於肯定人的價值，重視個人潛能的發展，使每個人不但珍惜自己族群的文化，也能欣賞並重視各族群文化與世界不同的文化。在社會正義的原則下，對於

不同性別、弱勢族群或身心障礙者的教育需求，應予以特別的考量，協助其發展。」明白揭示了我國政府對於多元文化教育的理念、目標與實踐的原則。

在多元文化教育的主要目標方面，Banks（1993）認為有四項：

1. 是改變學校結構與教學的，使不同文化背景的學生具有均等的學習機會，提升學業成就。
2. 在課程的設計上是幫助學生對於不同種族、文化、族群、宗教團體等發展出正向的態度，減輕偏見。
3. 應協助弱勢團體的學生建立自信。
4. 應協助學生發展角色替代的能力，同時可以加入不同族群的觀點。

Bennett（1995）認為多元文化教育是多面向的，包含四個面向：

1. 多元文化教育是一種運動，期能達到教育機會均等，特別是針對少數族群及經濟上處於不利地位的青年和孩童。其目標在於改變學校的整體環境，特別是潛在課程的部分。
2. 多元文化教育是一種課程設計的途徑，期能使學生認識與瞭解現今各民族與國家的文化差異、歷史與貢獻，同時將多元民族及全球性的觀點融入於傳統的課程中。
3. 多元文化教育是一種過程，可以使個人具有多元文化觀，或是發展出多元文化知覺、評鑑、信念及行動的能力；其重點在於瞭解並學習在國際間或單一國家內做到多元文化的溝通。
4. 多元文化教育是一種承諾，期能透過理解、態度和技能的培養，可以對抗種族、性別及其他各種形式的歧視與偏見。

綜合上述，由多元文化教育的意涵中可以得知，多元文化教育意指學校提供學生各種機會，讓學生瞭解各種不同族群文化內涵，培養學生欣賞其他族群文化的積極態度，避免種族的衝突與對立的一種教育。

在學校教育方面，必須增進教師的多元文化教育素養。賴怡珮（2006）認為學前教師的整體多元文化素養跟整體親師互動表現有顯著相關，即學前教師的多元文化素養越好，其與外配的親師互動越佳。未來師資培育過程中，應探究如何兼顧多元文化素養的培養，提供滿足新移民子女教育的師資，充實現職教師多元文化教育的相關知能（邱豐盛，2008；陳玉娟，2006；彭成

訓，2008；謝慶皇，2003；鄭淑芬，2010）。畢竟，具有良好多元文化意識的教師，在教育學生的過程中，不會因學生的國籍、性別、種族、社會階層等背景的不同而給予不公平的對待。教師有責任營造一個符合公平正義、機會均等和尊重差異的學習環境，使學生獲致最適性的教育。

(二)文化回應教學

文化回應教學的概念起源於 1970 年代。其主要意涵在強調教室內的教學能夠參照族群的特色，在課程和教學上考量學生的文化背景與學習型態，以學生的母文化作為學習的橋樑，課程要適度地反應學生母文化，根據學生文化差異進行適性教學，協助有文化差異學生能夠有更公平的機會去追求卓越的表現（劉美慧、陳麗華，2000；Gay, 2000）。

Wlodknowski 和 Ginsberg（2000）認為文化回應教學是創造一個安全、包容、尊重的學習環境，尊重學生的差異並藉由提升學生的學習動機，強調文化及跨學科的學習，目的在促進社會的公平與正義。Gay（2000）則認為，文化回應教學在於瞭解不同學生的學習式態，並以學生的母文化為橋樑，進而教導學生學會思考與批判的能力，重新思考學校的文化，最後教學的目標在幫助學生認同母文化，並學習「跨文化」的知能，以肯定與互相學習的角度欣賞其他文化之美。

相較於多元文化教育，文化回應教學的目標（提升學業成就）與對象（弱勢族群中低學業成就者）較為明確，是屬於知識上的增能，並且透過知識上的增能提升自信，進而達到情感上的增能（劉美慧，2001）。Gay（2000）指出，少數族群低學業成就的問題，源自於教學過程中所隱藏的學生文化差異對學習造成的結果，因為學校教育未能適切的反應學生的生活經驗，也未以學生的母文化為教學的橋樑，造成學生適應與學習的困難。他認為「文化」是弱勢族群學生學習的「關鍵」，不是學習「障礙」，唯有實施文化回應教學，才能真正提升弱勢族群學生的學業成就。

Richard、Brown 與 Forde（2007）認為文化回應教學包含學校體制、教師個人、教學實施三個面向：

1.學校體制

包含：(1) 學校組織——硬體設備、教室布置、校園空間都需與不同文化產生連結；(2) 學校決策與執行步驟——學校的各項服務都應符合各種不同背景學生的需求；(3) 社區介入——家庭、社區資源主動介入學校活動。

2.教師個人

教師必須檢視個人的態度、信念和偏見是如何影響學生的價值觀，教師唯有去除個人的偏見歧視，接納學生，學生方能成功。成為文化回應的教師方法如下：(1) 探索個人及家族歷史；(2) 從事省思和寫作；(3) 認可不同族群間的互動關係；(4) 學習不同族群的歷史與生活經驗；(5) 拜訪學生的家庭與社區；(6) 拜訪成功教師的教學場域；(7) 欣賞不同族群；(8) 參與學校體制重建。

3.教學實施

文化回應的教學把學生的語言與文化運用在教學之中，並且尊重學生個人與社區的認同。文化回應的教學策略有：(1) 認同學生的差異性與共同性；(2) 在班級經營與教材使用上接受學生文化認同；(3) 教育學生認識生活周遭不同族群的世界；(4) 提升學生之間的平等與尊重；(5) 有效評量學生的能力與成就；(6) 培養學生彼此、家庭、社區之間正向的互動關係；(7) 鼓勵學生積極參與教學活動；(8) 鼓勵學生批判思考；(9) 追求超越自己與追求卓越；(10) 協助學生培養公民意識。

由文化回應教學的概念來看，教師除應具備多元文化的素養、真心關懷學生的需求、傾聽學生的聲音，且應時時檢視自身的觀點，避免在教學與師生互動中產生刻板印象、偏見或歧視，影響學生學習動機與成效。為達成這些目標，教師應該瞭解新移民原生國家的文化，例如：歷史、語言、信仰及價值觀等。有了文化的先前理解，教師方能以尊重、關懷、包容、理解的角度，看待新移民學生的學習情況，進一步以關懷的心，設計出符合新移民學習樣態與文化背景的教學活動，協助學生掙脫主流文化的限制與束縛，開展自身的潛能。

(三) 教育機會均等

教育機會均等的理念，在第二次世界大戰以後，普遍受到各國的重視，認爲是達成社會公平與經濟均富的途徑。教育機會均等的問題往往是政府與社會大眾關心與矚目的焦點（楊振昇，1998）。教育機會均等具有二項基本概念：(1) 每一個人具有相等機會接受最基本的教育，這種教育是共同性、強迫性的教育，也可稱爲國民教育；(2) 人人具有相等機會接受符合其能力發展的教育，這種教育是分化教育，雖非強迫性，但含有適應發展的意義，也可以說是人才教育（陳奎憙，1982）。林清江（1982）認爲教育機會均等的衡量指標有三：(1) 進入各級學校就學的機會是否均等；(2) 受教年限、學校類型及課程內容，是否能表現機會均等的基本精神；(3) 受教的過程是否有利於個人成爲社會的棟樑之材。

教育機會均等的涵義常隨著時代與社會的變遷而有所不同。教育機會均等應考慮到教育活動的整體性，包括起點、過程與結果（林清江，1987；張淑美，1994）。大致來看，教育機會均等概念的演變，包括以下三個階段（楊振昇，1998）：

1.重視就學機會的平等與保障

此階段主要在消除因家庭社經背景、性別、種族、身心特質、宗教等等因素而存在的不平等，希望使學生皆擁有接受教育的同等權利，以達到「有教無類」的理想。

2.強調適性教育

由於學校環境、課程與師資大多是爲一般的學生所設計，因此，身心障礙或資賦優異的學生往往無法得到應有的指導與協助。因此，此一階段強調學生的適性教育，以發揮「因材施教」的功能。

3.實施補償教育（compensatory education）

相關研究發現學習成績低劣或學習失敗的學生，多數來自下層社會，且多肇因於早期生活經驗的不足，形成文化不利（culturally disadvantaged）

以及文化剝奪（cultural deprivation）的現象；因此，本階段乃著眼於補償的角度，對於不同需求的團體，在基於正義與公平的原則下，教育資源的投入應有所不同，即所謂「積極性差別待遇」（positive discrimination）。

由教育機會均等理念發展的過程看來，教育機會均等不再只是著重公平開放的「入學」（access to school）機會而已，也逐漸重視入學後教育「過程」（process）與「內容」（content）的均等，以及教育資源「投入」（input）與產出（output）之間的關係（楊瑩，1992）。

由教育機會均等的理論發展可以看出，在面對新移民子女時，必須重視其教育機會的均等。吳錦惠（2005）指出新移民子女的課程調適理念是以不放棄任何一個學生為目的，秉持機會均等與公平正義的原則，並針對其教育問題與需求進行適切的課程調整；目前學校裡實施的課程調適方案包括課業輔導課程、多元文化課程、輔導活動課程等。

首先，必須考量其入學機會是否公平？例如：新移民子女是否有公平的入學機會？是否可以接受到相同素質教師的教導？得到的教育資源與經費是否足夠？其次，必須探究新移民子女入學後的教育「過程」與「內容」是否均等？例如：學校與教師是否能夠平等對待新移民子女？教師是否能夠因材施教？學校是否能給予新移民子女適性教育？如果新移民子女有學習上的困難，學校是否給予補償教育。最後，學校必須重視新移民子女教育的成效是否良好？例如：新移民子女身心發展是否健全？是否具有良好的品德與學業成就？是否能有良好的就業情形？

綜合上述，新移民學生人數逐年增加，中小學教師必須具備新移民子女班級經營的相關理念。首先，中小學教師對於新移民學生的原生國——東南亞各國的政治、經濟、社會、歷史、語言、習俗等應該有完整的瞭解，以奠定跨文化教學的堅實基礎。其次，強化有關多元文化教育與教育機會均等的理念，使其能理解與尊重東南亞各國的文化，包容與關懷新移民學生，並關注其是否有均等的受教機會。另外，中小學教師需具有文化回應教學的能力，在教學時考量學生的文化背景、學習型態、溝通方式的差異，以學生的母國文化作為學習的橋樑，協助具有不同文化背景的學生能夠有更公平的機會去追求卓越的表現。

二 新移民子女班級經營策略

中小學教師除具有前述的新移民子女教育相關理念之外，還必須具備班級經營的策略。以下分別從 (1) 充分瞭解新移民子女家庭情形，以及在班級與學校的表現；(2) 營造良好氣氛與友善環境，建立良好的親師生關係等兩層面加以論述。

(一) 充分瞭解新移民子女家庭情形，以及在班級與學校的表現

為瞭解新移民子女家庭情形，必須分析其家庭社經地位、父母教養方式及親子互動狀態；其次，教師也必須瞭解新移民子女在班級與學校的表現情形。

1. 家庭社經地位

新移民子女的家庭大多屬於低社經背景，因面臨文化刺激不足、隔代教養或父母缺乏正確教養態度等因素的影響下，容易造成學習與學校生活的不適應。研究顯示迎娶新移民的男性，在臺灣多屬於社會階層低下以及外在條件較差者，使得外籍母親在臺生活更加辛苦，也因此種種經濟壓力造成父母花費在工作上時數較長，無暇關注與子女之間互動或課業學習（林璣萍，2003；韋薇，2002；夏曉鵑，2002；陳碧雲，2003）。在缺乏良好生活環境情況下，無法提供孩子比較良好的生活與學習環境，文化刺激可能因此而薄弱，對於子女教育品質無法兼顧，造成子女學習動機低落，學習成效因此受影響。吳錦惠（2005）的研究也指出，新移民子女的家庭背景大多處於低社經地位，因面臨文化刺激不足、隔代教養及父母教養態度等因素的影響，容易造成在校學習的不適應。

2. 父母教養方式

在父母教養方面，大致區分為三種情況。第一種是由父親主導。杜麗雅、楊銀興（2008）研究發現，東南亞新移民女性因語言文化背景與臺灣的不同，造成在指導孩子課業時有困難，故多由父親指導課業。母親因文化背景不同

而無法指導孩子課業，但會採用獎勵的方式希望孩子自發性學習。第二種情形則是夫家不讓母親干涉，母親沒有教養小孩的主導權。陳湖源（2003）指出夫家通常不願外籍母親用母國語言教育子女，外籍母親會因語言文字溝通困難及教養觀念的文化差異產生衝擊，在傳統家庭中更少有教養自主權。第三種情形因為父親忙於工作，小孩教養工作由母親主導。陳烘玉（2004）指出，傳宗接代是臺灣男子迎娶外籍女子的主因之一，在小孩出生後，父親便專注於工作，而子女教養的工作便完全落在外籍母親身上，但由於文化差異所造成的不同教育理念，經常產生家庭衝突，導致孩子在家庭或學校中生活適應無所適從。

3.親子互動狀態

在新移民親子互動方面，杜麗雅、楊銀興（2008）研究發現新移民家庭父母工作時間太長影響和孩子的互動，新移民家庭的父母多藉由親子共同觀看電視的機會，針對節目內容進行教導及開啟親子間的對話，而擔任電視內容指導者的多為父親。其次，新移民家庭的臺籍丈夫多半是從事農工漁業等密集勞力，其社經地位相對較弱勢，故新移民家庭雙親的經濟壓力普遍很大，多半因經濟狀況無法進行家庭休閒活動。比較特別的是，東南亞新移民父母提到孩子小的時候，喜歡黏著父母，但孩子長大後，不僅意見變多，且有自己的朋友群，欲脫離父母的掌控。

另一方面，新移民家庭母親受限於語文能力，無法教導子女。楊艾俐（2003）指出新移民母親不會讀寫中文，無法教導子女，她們最感到困難的便是指導子女課業問題，造成子女在學習上吃力或落後現象。外籍母親無法簽閱聯絡簿，對學校活動或配合事項經常處於未知狀態，多數只能主動打電話或本人到學校聯繫老師才能得知子女學習情形。王光宗（2004）探討臺南縣東南亞外籍母親在子女入學後之母職經驗，發現母親照顧子女有心無力，子女學習多依賴老師協助，受限於語文能力，只能藉由直接面對面與電話增強溝通效果。

4.新移民子女在班級與學校的表現情形

新移民子女在班級與學校的表現情形呈現兩極化的評價。第一種研究結果發現新移民子女學業成就表現較差，如彭成訓（2008）研究發現新移民女性子女和母親為本國籍的學生比較，學業成就呈現弱勢現象。第二種研究結果發現新移民子女學習適應、生活適應與同儕關係良好（陳莉君，2009；張樹閔，2007）。楊小芬（2010）研究新移民子女在幼兒園人際關係，研究發現個案在幼兒園的人際關係並未受到母親是新移民的影響。

第三種研究結果發現新移民子女在班級與學校的適應情形並不像媒體所言的負面表現，例如洪淑麗（2006）研究發現教師知覺外籍配偶子女在學校生活適應的情形普遍良好，並不如媒體報導的弱勢，其中以常規適應最佳，學習適應較差。紀詩萍（2007）透過教學現場的實地觀察、個案訪談與相關文件資料的蒐集，研究發現三名新移民子女個案在學習態度、學習策略及學習成就等適應情形雖有部分限制，但並不像以往報導所言的負面情形，反而有趨向正面與積極的發展。例如新移民子女在課堂參與情形積極多於消極，亦會善用課堂空檔時間安排個人活動，不致影響班級常規；學用品準備方面大多適切，父母亦會滿足孩子學用品的喜好；對於自我學業努力表示肯定、亦能發現自己優點；歷年學習成績以優等居多，並非特殊問題學童；對班級事務工作都十分有責任心等。

綜合前述，因新移民父母教養方式大致區分為三種情形，教師面對新移民學生，應注意親師溝通時，必須找到主導教養孩子的父親或母親；而在溝通管道上，新移民母親若受限於中文表達能力，無法以家庭聯絡簿作為溝通工具時，應考慮採用其他管道或作法，例如面對面進行溝通。最後，若新移民家長較無力督促孩子家庭作業時，教師必須尋求其他協助管道，例如請其他小朋友同儕協助，或是尋求學校課業輔導資源等。

(二)營造良好氣氛與友善環境

營造良好的班級氣氛，是教師班級經營的重要工作之一，因為它不僅攸關班級經營的成效，對於班級的團體動力以及師生的良好關係，亦有決定性

的影響。在營造良好氣氛與友善環境方面，主要的策略有：(1) 教師依照學生的特質與班級情境採權變式的領導；(2) 教師給予學生適度的期望，必須信任學生、尊重學生與瞭解學生；(3) 教師搭起與學生及家長溝通的橋樑；(4) 教師必須培養幽默感；(5) 教師能瞭解學生的次級文化；(6) 教師輔導學生自我評價、自我肯定，且能自我超越。

教師在面對新移民子女時，除瞭解新移民家庭背景之外，也必須營造良好氣氛與友善環境、多元尊重關懷的學習環境，主動邀請新移民家長參與學校活動，建立良好的親師生關係（黃玉玲，2010；蔡妙美，2010；鄭淑芬，2010）。然而，因為面臨的對象不同，除了前述的幾項策略之外，以下針對教師面對新移民子女，提出營造良好氣氛與友善環境的相關作法。

1.去除歧視與汙名化

國人對於新移民以及其子女仍有部分刻板印象、偏見，進而導致歧視或給予不當之汙名化標記。周秀潔（2005）指出相關教育行政措施隱含外籍配偶之汙名化標記，應破除「外籍配偶」與「外籍配偶子女」的汙名印象。謝慶皇（2003）研究發現部分老師對於新移民或其子女，仍存在有不當的心理意象言論。

為去除對於新移民子女的歧視與汙名化，應建構批判性的言談場域，促進教師對抗新聞媒體與大眾輿論的汙名化論述（洪于婷，2006）。政府相關單位、高等教育機構及各級中小學均應致力於倡導多元社會的價值觀，強調機會均等及去除社會標籤問題，期以促成理想社會目標的達成（吳錦惠，2005）。

2.去除新移民家庭成員防衛心理

謝芳儒（2009）輔導新移民子女個案，發現新移民母親因為自己的身分而感到自卑，擔心自己的家庭或小孩受到欺負，一方面因極度缺乏安全感而刻意武裝，另一方面希望小孩能努力，出人頭地，不僅帶給小孩極大的壓力，這樣的心態也進而影響到孩子在學校的行為表現。因此，教師在與新移民家庭溝通時，應先表示真誠，從為小孩的角度出發，去除去新移民家庭成員心

理武裝，建立雙方的信任關係，強化親職溝通。吳錦惠（2005）即認為輔導新移民女性家庭成員去除「防範心理」，藉以幫助新移民女性之新臺灣之子獲得充分的成長與學習的機會。

3.介紹新移民子女原生國文化，增進彼此瞭解

為增進對於新移民原生國的瞭解，教師於課程規劃與設計時，能配合節慶或相關課程教材，對新移民子女家長的國家特別作介紹，並舉辦多元文化或國際日活動，辦理各國文化特色活動。不僅可以豐富學生的世界知識，接納他國文化特色，也可促進新移民學生與本地學生的相互瞭解。

4.平等對待並關懷新移民子女

教師的態度、期望與行為，對學生造成的影響相當大，因此，教師應秉持公平與尊重的態度，對待新移民子女，使其真正能感受到教師與學校的接納與關懷。

5.建立新移民學生的認同感與自信心

教師應協助新移民子女建立自信與自尊。不管是新移民或新移民學生，「認同與辨識感」的建立很重要（黃德祥，2006）。例如學校可以多鼓勵學生講母親的語言，並且舉辦語文競賽，建立新移民小孩的尊嚴與信心，使其獲得成就感。

問題思考

一、有人認為：新移民的弱勢不是天生，而是後天造成的（They are not born, but made.），您同意這樣的說法嗎？是何種原因造成新移民的弱勢？身為教師，應如何面對與處理？

二、面對新移民子女，在營造良好班級氣氛與友善環境方面，學校與教師還可以有哪些有效的作法？

參考文獻

一、中文部分

王光宗（2004）。臺南縣東南亞外籍母親在子女入學後母職經驗研究。國立嘉義大學家庭教育研究所碩士論文，未出版，嘉義。

行政院教育改革審議委員會（1996）。教育改革總諮議報告書。臺北市：作者。

吳錦惠（2005）。新臺灣之子的教育問題與課程調適之研究。國立臺南大學教育學系課程與教學碩士班碩士論文，未出版，臺南市。

周秀潔（2005）。外籍配偶子女的學校適應──教師的覺知與應對。國立臺灣師範大學教育學系碩士論文，未出版，臺北市。

邱豐盛（2008）。臺北市國民小學推動新移民子女關懷輔導方案之研究。國立臺北教育大學教育政策與管理研究所碩士論文，未出版，臺北市。

林清江（1982）。教育機會均等理想的實現。教育資料文摘，9(1)，4-8。

林清江（1987）。教育的未來導向。臺北：臺灣書店。

林瑞榮、劉健慧（2009）。新移民子女教育相關議題──理論與反思。國立臺南大學教育研究學報，43(1)，1-21。

林璣萍（2003）。臺灣新興的弱勢學生──外籍新娘子女學校適應現況之研究。國立臺東大學教育研究所碩士論文，未出版，臺東縣。

杜麗雅、楊銀興（2008）。東南亞新住民家庭親子互動內涵之研究。國立臺中教育大學教育學系、課程與教學研究所、學校行政領導專業發展中心舉辦臺中市 97 年度新住民子女教育研討會（2008 年 10 月 29 日）。

紀詩萍（2007）。新移民子女學習適應現況及其促進策略之規劃。國立臺南教育大學教育學系課程與教學碩士班碩士論文，未出版，臺南市。

洪于婷（2006）。從多元文化教育觀點研究教師教導新移民子女之經驗。國立中正大學教育研究所碩士論文，未出版，嘉義縣。

洪淑麗（2006）。國小教師知覺與外籍配偶家長親師互動及其子女學校生活適應之相關研究。輔仁大學兒童與家庭學系碩士班碩士論文，未出版，臺北縣。

韋薇（2002）。臺灣外籍新娘的困境。2002 年婦女節國際會議──臺灣婦女人權發展與弱勢婦女關懷會議手冊。

夏曉鵑（2002）。流離尋岸──資本國際化下的「外籍新娘」現象。臺灣社會研究叢刊，9。

教育部（2010）。第八次全國教育會議大會手冊。2011 年 7 月 24 日，取自：http://www.edu.tw/files/site_content/EDU01/%E5%A4%A7%E6%9C%83%E6%89%8B%E5%86%8A_1.pdf。

教育部（2011）。外籍配偶子女就讀國中小人數分布概況統計（99 學年）。2011 年 7 月 15 日，取自：http://140.111.34.54/statistics/content. aspx?site_content_sn=7857。

張淑美（1994）。不同地區教育機會差異之探討。高雄師大學報，5，87-111。

張錦霞（2008）。臺北縣國小教師與新住民親師溝通的困境及因應策略之研究。臺北市立教育大學課程與教學研究所課程與教學碩士學位在職進修專班碩士論文，未出版，臺北市。

張樹閔（2007）。新移民子女的生活適應與同儕關係之調查研究——以彰化縣國民小學高年級生為例。國立臺北教育大學教育政策與管理研究所碩士論文，未出版，臺北市。

陳烘玉（2004）。臺北縣新移民女性子女教育發展關注之研究。載於外籍與大陸配偶子女教育輔導學術研討會會議手冊，66-91。

陳湖源（2003）。外籍新娘識字教育探討。載於教育部社會司編，92 年全國外籍新娘成人教育研討會手冊，75-78。

陳碧雲（2003）。從多元文化的觀點探討外籍新娘子女的教育問題。中央科學研究院計畫（未出版）。

陳奎憙（1982）。教育社會學。臺北市：三民。

陳莉君（2009）。臺北縣新移民子女知覺教師教學風格對學生學習適應之研究。國立臺北教育大學課程與教學研究所碩士論文，未出版，臺北市。

陳玉娟（2006）。臺灣地區外籍配偶子女教育政策及其執行之研究——以國民教育為例。國立臺灣師範大學教育學系博士論文，未出版，臺北市。

黃玉玲（2010）。運用文化回應教學於國小四年級社會領域課程之行動研究——以新移民子女為例。國立臺中教育大學課程與教學研究所碩士在職專班碩士論文，未出版，臺中市。

黃政傑（1993）。多元文化教育的課程設計途徑。載於中國教育學會（主編），多元文化教育，343-374。臺北市：臺灣書店。

黃德祥（2006）。臺灣新住民子女的教育與輔導新課題。教育研究月刊，141，18-24。

彭成訓（2008）。新移民女性子女學業成就研究。國立新竹教育大學區域人文社會學系碩士班碩士論文，未出版，新竹市。

楊小芬（2010）。新移民子女在幼兒園人際關係之個案研究。國立屏東教育大學教育行政研究所碩士論文，未出版，屏東市。

楊艾俐（2003）。臺灣變貌——新移民潮。天下雜誌，271，94-10。

楊振昇（1998）。教育機會均等的理念與省思。教育資料與研究，21，29-30。

楊瑩（1992）。教育機會均等——教育社會學的探究。臺北市：師大書苑。

劉美慧（2001）。新書評介——文化回應教學：理論、研究與實踐。課程與教學季刊，4(4)，143-152。

劉美慧、陳麗華（2000）。多元文化課程發展模式及其應用。花蓮師院學報，10，101-126。

劉健慧（2007）。新移民子女教師多元文化教育知覺情形之個案研究。國立臺中教育大學 2007 年 E 時代教學專業研究——教師教學之行動研究研討會。

蔡妙美（2010）。屏東縣國民中學對新移民子女教育實施現況與發展策略之研究。國立高雄師範大學教育學系碩士論文，未出版，高雄市。

鄭淑芬（2010）。教師的多元文化想像——以教師對新移民子女的教育經驗為例。臺北市立教育大學教育學系碩士班碩士論文，未出版，臺北市。

賴怡珮（2006）。學前教師的多元文化素養及其與外籍配偶家長親師互動之相關研究。國立臺中教育大學幼兒教育學系碩士班碩士論文，未出版，臺中市。

謝芳儒（2009）。新移民子女的輔導策略。載於張芳全（主編），新移民的家庭、親職教育與教學，155-175。臺北市：心理。

謝慶皇（2003）。外籍配偶子女學業成就及其相關因素探討。國立臺南大學特殊教育學系碩士班碩士論文，未出版，臺南市。

二、英文部分

Banks, J. A. (1993). Approaches to multicultural curriculum reform. In J. A. Banks & C. A. M. Banks, *Multicultural education : Issue and perspectives* (pp.195-213). Boston : Allyn and Bacon.

Bennett, C. I. (1995). *Comprehensive multicultural education: Theory and practice*. Boston : Allyn and Bacon.

Coleman, J. S. (1968). The concept of equality of educational opportunity. *Harvard Educational Review*, 38(1), 1-22.

Gay, G. (2000). *Culturally responsive teaching: Theory, research, and practice*. New York: Teachers College Press.

Richard, H., Brown, A. F., & Forde, T. B. (2007). Addressing diversity in school: Culturally responsive pedagogy. *Teaching Exceptional Children*, 39(3), 64-68.

Wlodknowski, R. J., & Ginsberg, M. B. (2000). *Creating highly motivating classrooms for all students: A schoolwide approach to powerful teaching with diverse learners*. San Francisco: Jossey-Bass.

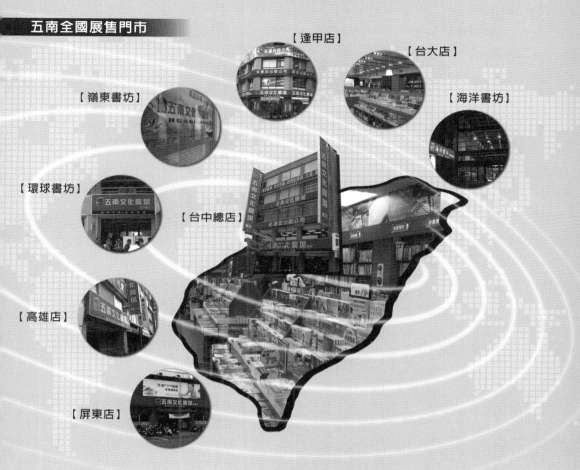

國家圖書館出版品預行編目資料

多元文化教育：新移民的原生文化與
在地適應／林彩岫等合著. --初版.--
臺北市：五南，2012.12
面； 公分.
ISBN 978-957-11-6932-3（平裝）
1.僑民教育2.多元文化教育3.文化適應
529.3 101025129

1IXE

多元文化教育
新移民的原生文化與在地適應

主　　編 ― 林彩岫(124.5)

作　　者 ― 林彩岫　葉憲峻　許世融　薛雅惠　張雪
　　　　　　鍾才元　林惠蘭　李麗日　賴苑玲　錢富
　　　　　　林政逸

發 行 人 ― 楊榮川

總 編 輯 ― 王翠華

主　　編 ― 陳念祖

責任編輯 ― 黃淑真　李敏華

出 版 者 ― 五南圖書出版股份有限公司

地　　址：106台北市大安區和平東路二段339號4樓

電　　話：(02)2705-5066　傳　真：(02)2706-61

網　　址：http://www.wunan.com.tw

電子郵件：wunan@wunan.com.tw

劃撥帳號：01068953

戶　　名：五南圖書出版股份有限公司

法律顧問　林勝安律師事務所　林勝安律師

出版日期　2012年12月初版一刷
　　　　　2015年11月初版二刷

定　　價　新臺幣290元